AF242193

CENT ANS

LA HALLE AU BLÉ
EN 1789

La Bourse de Commerce
en 1889

PARIS

IMPRIMERIE & LIBRAIRIE DES HALLES & DE LA ...
33, RUE JEAN-JACQUES ...

# CENT ANS

## La Halle au Blé en 1789

## La Bourse de Commerce en 1889

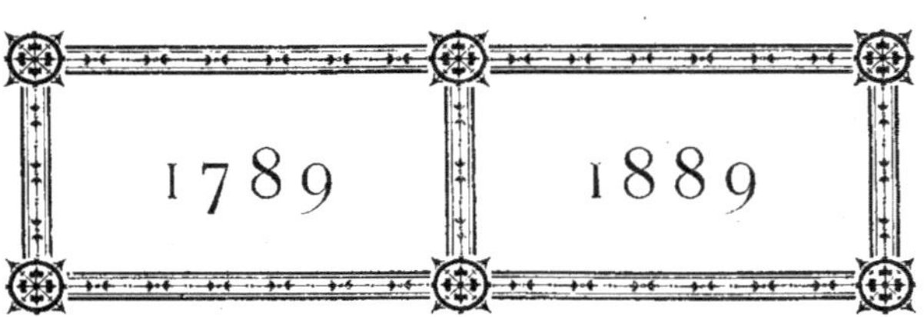



# CENT ANS

*1789—1889 ! Un siècle ! Et pendant ces cent ans, que d'évènements formidables se sont déroulés ! Chute d'une royauté quinze fois séculaire ; avènement d'une Révolution qui sera considérée dans l'histoire comme une des grandes convulsions de l'humanité ; éclosion d'un Empire dont le chef, Napoléon, passera à la postérité comme l'égal de César et d'Alexandre ; combat et défaite du pouvoir personnel au profit des peuples qui, d'asservis, deviennent souverains.*

*Et, comme si ce n'était pas assez pour ce XIX<sup>e</sup> siècle, — qui laissera dans le passé une des traces les plus glorieuses et les plus lumineuses qui se soient jamais vues, — d'avoir changé la face politique du monde, les sciences, les arts, les lettres, l'industrie et le commerce ont accompli, eux aussi, leur marche ascensionnelle vers le progrès, dont l'Exposition Universelle est venue mesurer le chemin parcouru jusqu'à ce jour.*

*Nous n'avons pas l'intention de rappeler, dans cette notice, les différentes phases par lesquelles a passé le siècle présent. Notre but est plus modeste : nous venons seulement apporter notre faible hommage à une des branches de l'intelligence humaine, le commerce, non pas même en retraçant son histoire, mais en fêtant l'inauguration du premier établissement public qui lui ait été spécialement consacré dans la Capitale de la France.*

*Jadis, que d'entraves au commerce ! Il fallait remplir certaines conditions, toujours difficiles à réaliser, pour pouvoir s'établir et pratiquer un état : les corporations, les maîtrises, les jurandes étaient autant d'empêchements qui barraient le chemin à quiconque n'était pas agréé par un corps de marchands ou par une corporation de métiers. Aujourd'hui, tout citoyen peut donner un libre essor à son esprit et à son intelligence ; nul obstacle ne l'empêche d'exercer la profession qu'il a choisie. Et ce ne sera pas une des moins belles conquêtes de la Révolution française que celle d'avoir proclamé la Liberté commerciale.*

*Dès la plus haute antiquité, Paris a été commerçant, et la première association qui s'est formée parmi ses habitants a été la* HANSE PARISIENNE, *la plus ancienne société commerciale de l'Occident. Chaque siècle n'a fait qu'augmenter le commerce de notre ville, et à présent Paris se place avantageusement parmi les plus grands marchés du Monde.*

*Le coin de Paris qui se trouve circonscrit par les rues de Rivoli, boulevard Sébastopol, rues Etienne-Marcel et Croix-des-Petits-Champs, doit être considéré comme le quartier le plus* commerçant de la Capitale, car il comprend la Bourse de Commerce, les Halles Centrales, l'Hôtel des Postes et la Banque de France, — ces grands centres du négoce parisien. A la Bourse de Commerce se traitent toutes les affaires intéressant la prospérité industrielle et la richesse agricole de la France ; aux Halles Centrales, que Zola a si justement appelées le VENTRE DE PARIS, se débitent toutes les denrées nécessaires à l'alimentation de la grande ville ; à l'Hôtel des Postes se concentre toute la correspondance des cinq parties du Monde ; à la Banque de France, enfin, se négocient toutes les valeurs commerciales basées sur le crédit, ce puissant auxiliaire du commerce. A côté de ces grands centres de l'activité humaine se trouvent, aussi, — comme pour montrer que Paris n'est pas seulement une ville d'affaires, mais aussi une ville d'art et de science, — le Louvre, ce merveilleux musée, si riche en productions des maîtres de toutes les Ecoles, ainsi que la Bibliothèque nationale, ces sources où viennent puiser tous les savants.

C'est l'histoire succincte de ces créations dues au génie de l'Homme que nous retracerons plus loin dans la description générale du quartier qui nous intéresse ici plus spécialement, et nous profiterons de l'occasion pour faire revivre, par la pensée, le Paris d'autrefois, si cher à nos souvenirs.

Charles BIVORT.

24 Septembre 1889.

# ANCIEN QUARTIER DES HALLES

---

# NOUVELLE BOURSE DE COMMERCE

# L'ANCIEN QUARTIER DES HALLES

Jusqu'au XII° siècle, la partie de Paris dont nous nous occupons ici était pleine campagne ; peu à peu la Ville s'étendit sur les bords de la Seine, si bien qu'au siècle suivant l'enceinte fortifiée passait en cet endroit.

A cette époque, Jean, seigneur de Nesle, fit construire sur un terrain planté de vignes tout proche des murailles, une maison flanquée de quatre tourelles, qu'on appela l'hôtel de Nesle. Après être passé aux mains de St-Louis, de Blanche de Castille, sa mère, et de Philippe, comte de Valois, il devint la propriété de Jean de Luxembourg, roi de Bohême, d'où le nom que porta l'hôtel au XIV° siècle. Après différents propriétaires, tous rois ou princes, il devint hôtel du duc d'Orléans au XV° siècle. En 1499, il appartenait au roi Louis XII, qui le donna aux religieuses pénitentes ; ces dernières le gardèrent jusqu'en 1572.

Les astrologues ayant prédit à la reine Catherine de Médicis qu'elle mourrait dans un endroit portant le nom de St-Germain, la reine-mère voulut fuir toute habitation lui rappelant cette dénomination et acheta aux Filles Pénitentes l'ancien domaine d'Orléans. Elle fit construire sur son emplacement un magnifique palais, par Jean Bullant et Salomon de Bresse, après avoir fait abattre les maisons et hôtels avoisinants. L'Hôtel de la Reine, comme le peuple l'appela, entouré d'un jardin superbe, qui s'étendait de la rue Coquillière à la pointe St-Eustache, était une des plus belles demeures de l'époque, ne le cédant qu'au Louvre et aux Tuileries pour la beauté et la richesse. En 1606, le comte de Soissons s'en rendit acquéreur, et, sous Louis XV, Law, le fameux financier, en fit le centre de ses opérations.

L'ancien palais princier, acheté en 1755 par la Ville de Paris, fut abattu, sauf la tourelle astronomique, qui fut conservée et qui existe encore, et remplacé par la Halle au Blé, que Camus de Mézières construisit en 1763-67. C'était un bâtiment de forme circulaire de 68 mètres de diamètre ; une galerie couverte percée de vingt-cinq arcades l'entourait, mais le centre était à ciel ouvert ; aussi, pour garantir les marchandises, blés et farines, qui y étaient amassées, on chargea, en 1783, Legrand et Molinos de surmonter l'édifice d'une coupole construite en bois ; elle fut incendiée en 1802.

Cinq ans après, un nouveau dôme, cette fois en fer, fut commencé sous la direction de Brunet, architecte, chargé de la construction de cette toiture, chef-d'œuvre du genre, et la première qu'on eût faite en fer, composée d'un réseau de fer recouvert de lames de cuivre ; elle fut terminée en 1811.

La Halle au Blé, affectée tout d'abord à l'approvisionnement de Paris, changea bientôt de destination par suite de la création du grenier d'abondance en 1807, disparu dans un incendie en 1871, et la fondation des Entrepôts et Magasins généraux plus récemment. Aussi était elle peu fréquentée quand on conçut le projet de la transformer en Bourse de Commerce : les facteurs aux grains s'y réunissaient et elle leur servait de magasin de réserve.

---

Pendant de longs siècles le quartier des Halles et la Cité furent le centre des fêtes et des réceptions officielles. C'est là que la foule, tantôt gaie, tantôt bruyante, tantôt menaçante, venait se livrer à ses manifestations, car, ainsi que le dit Joseph de Maistre, en un de ses ouvrages : « le roi et le bourreau sont la double et nécessaire incarnation d'un peuple. »

Les principales résidences royales furent les Tournelles, la Cité et le Louvre.

Pendant plusieurs siècles, aux Halles, on décapita les seigneurs et on pendit les bourgeois et les manants.

Ce fut Philippe-Auguste qui, selon Rigord, « établit à Paris, en 1182, « deux grandes maisons », vulgairement appelées « halles », afin que tous les marchands puissent venir vendre sans craindre la pluie, et être à l'abri des vols. Ces halles furent entourées d'un mur, et l'on disposa entre les murs et les halles des étaux couverts » ; des places étaient assignées dans les halles aux vendeurs de cuirs et de souliers, aux lingères, aux fripiers.

Mais ce qui a donné surtout à ces quartiers une animation extraordinaire, et ce que de Maistre oublie, c'est la profusion des églises.

Déjà, en 800, on en compte plusieurs qui ont servi de sépultures aux rois mérovingiens. En 1200, on compte 36 églises non compris la cathédrale, et presque toutes dans le périmètre des Halles, dont plusieurs ont disparu telles que : Saint-Jacques-la-Boucherie, Saint-Jean en Grève, Saint-Barthélemy, Saint-Benoît, Saint-Côme, Saint-Germain-le-Vieux, Saint-Sauveur, Saint-Hilaire, Sainte-Opportune, etc.

Sous les Capétiens, nous voyons poindre le commerce parisien ; une sorte de centralisation et de marché se produit, mais on est loin encore des grands magasins de nouveautés d'aujourd'hui.

Jehan de Garlande, écrivain du XIᵉ siècle, parle avec admiration des produits de toute espèce étalés dans les boutiques parisiennes. Il s'extasie sur la beauté des épées à pommeau en boule que débitaient les fourbisseurs (*exe ruginatores*). Les boucliers (*pluscularii*) s'enrichissaient en vendant des boucles, des ardillons, des poitraux et des mors.

A la porte Saint-Lazare, les archers fabriquaient des arbalettes, des arcs d'érable, d'if ou de viorne et des flèches de frêne. Sur le grand pont étaient établis les marchands de lanières et chevestres.

Les étalagistes avaient devant eux des couteaux, des couteaux de table (*cullellos ad mensam*), des karinets, des greffes, des styles, et des écritoires dans leurs gaînes. Des bottiers ambulants promenaient sur une perche des souliers et des estivaux. Des spéculateurs forains apportaient au marché du savon, des miroirs et des fusils (*piraudia vel fusilos*): c'était ainsi qu'on appelait les briquets d'acier.

A cette époque, les maisons sont construites encore en bois ; quelques-unes seulement sont en pierre, quoique les dessous de Paris abondent en matériaux.

****

Philippe-Auguste traça une enceinte dans laquelle il enferma le bourg de Saint-Germain-l'Auxerrois, le beau Bourg, le bourg l'Abbé, le bourg Thibourg, les cultures Sainte-Catherine et Saint-Gervais, l'ermitage de Notre-Dame-des-Bois, qui fut consacré plus tard à Sainte-Opportune. C'est Philippe-Auguste qui fit du Louvre sa demeure royale.

Une autre cause vint s'ajouter à l'agglomération des habitations. Ce fut le droit de bourgeoisie qu'accorda Philippe-le-Bel aux Parisiens.

Pour acquérir ce droit, on allait trouver le prévôt avec des témoins; on s'engageait, outre une taxe à payer, à bâtir ou construire, dans l'espace d'un an, une maison valant au moins 60 sous parisis.

Beaucoup de bourgeois et de marchands devinrent ainsi propriétaires ; un grand nombre de maisons du quartier des Halles ont appartenu, jusque vers 1860, aux négociants qui les détenaient et les cédaient avec leur clientèle. Il est vrai que souvent le terrain était propriété de la Ville.

C'est ce même roi, Philippe-le-Bel, qui fit construire le premier quai de Paris, par lettre patente du 9 juin 1312, le long du couvent des Augustins jusqu'à la tour de Nesles.

Sous Saint-Louis, la Cité comptait 43 rues, le quartier des Halles en comptait 292. C'est toujours dans ce dernier que réside le commerce et la fabrication.

La dénomination des rues indique, d'ailleurs, comme nous le disions au début de cet article, le classement des diverses industries de cette époque.

Nous empruntons les noms de ces rues commerçantes ou industrielles, en modernisant leur orthographe, à un manuscrit en vers de Guillot, qui écrivait au XIVᵉ siècle.

> « Maint dit a fait de rois, de comte
> Guillot de Paris en son conte ;
> A mis en rime, oyez comment. »

| | | |
|---|---|---|
| Aux Fers. | Ecorcherie. | Poissons. |
| Aux Oies. | Etuves. | Poissonnerie. |
| Basanerie. | Fauconniers. | Pommes. |
| Barillerie. | Fromagerie. | Poulaillerie. |
| Boucherie. | Ganterie. | Poupées. |
| Bouclerie (grande et petite). | Lavandières. | Prouvaires. |
| Buffeterie. | Lamperie. | Saunerie. |
| Chanvrerie. | Lingerie. | Savonnerie. |
| Chardonnet. | Mancherie. | Tabletterie. |
| Coifferie. | Mégisserie. | Tanneurs. |
| Cordiers. | Orangerie. | Tonnellerie. |
| Cordonnerie. | Oublies. | Truanderie. |
| Corroyeurs. | Petits Fours. | Tréfilerie. |
| Cossonnerie. | Petits Souliers. | Vannerie. |
| Déchargeurs. | Plâtrière. | Verrerie. |
| Draperie. | Plâtriers. | Vieille Tisseranderie. |

Ces dénominations existaient vers l'an 1280. Plus tard, elles furent généralisées et appliquées à la plupart des corps de métier.

****

Sous Henri IV, Paris commence à se transformer.

François Miron en est le prévôt ; la largeur et l'alignement des rues sont fixés par des édits royaux. De nouvelles voies sont ouvertes, d'autres sont prolongées, sans enquête préalable et sans les indemnités auxquelles on a droit aujourd'hui.

Voici deux faits curieux à ce sujet ;

Pour arriver à ouvrir la rue Dauphine, il était nécessaire d'entamer le potager du couvent des Augustins ; des experts leur allouèrent une indemnité de 30,000 livres tournois, dont ils ne se tinrent pas satisfaits.

Henri IV fit venir le supérieur au Louvre, et s'efforça de l'amadouer.

— Sire, dit le moine, notre bien est celui des pauvres, et nous avons à cœur de l'augmenter.

— Ventre-Saint-Gris ! répliqua Henri IV en colère, *les maisons que vous ferez construire sur la nouvelle rue vaudront mieux que le produit de vos choux.*

— Que M. le prévôt des marchands ajoute 10,000 livres, et c'est une affaire conclue, poursuivit le supérieur.

— Il n'ajoutera rien. Ecoutez-moi, mon père : vous êtes Normand, je suis Gascon ; ne jouons pas au plus fin. Je vous donne jusqu'à demain ; si votre mur n'est pas abattu, *j'irai moi-même ouvrir la rue Dauphine avec du canon, s'il le faut.*

Une autre fois, trois propriétaires de la rue Saint-Denis ayant voulu s'opposer à la prolongation de la rue du Ponceau et ayant fomenté une émeute, *sous prétexte qu'elle ôterait de la valeur à leurs maisons,* furent pendus par ordre de François Miron.

****

Les rues Saint-Denis et Saint-Martin sont les grandes artères qui communiquent aux Halles, à la Cité, au Louvre.

Ce sont les voies officielles par lesquelles on fait arriver les souverains, les ambassadeurs, les nouvelles reines.

A chacune de ces solennités, les habitants s'ingéniaient à des innovations tantôt comiques, tantôt sérieuses.

Théâtres, marionnettes, passions fontaines de vin, anges descendant du haut des toits et venant apporter, tenus par un fil de fer, des couronnes sur les têtes royales et princières, etc.

Sur l'emplacement actuel du boulevard Sébastopol, le 1ᵉʳ septembre 1420, fut planté le premier mât de cocagne, rue aux Ours, en face la rue Quincampoix, par les bourgeois de la paroisse de Saint-Leu.

Ce fut un *esbattement* nouveau, qui eut un grand succés, si nous en croyons la chronique de l'époque. Cette coutume nous est restée.

C'était à l'occasion de l'entrée à Paris du duc de Bedfort, nommé régent de France, sous Charles VI.

****

Mais Paris étouffe dans ses étroites limites ; sous les grands rois Louis XIII, Louis XIV et Louis XV, une transformation complète s'opère.

Le commerce et l'industrie ont pris sous Colbert des proportions énormes. Les rues commerçantes que nous avons vues tout à l'heure renfermer tout le négoce de Paris sont insuffisantes ; le Marais avec ses grands hôtels et ses maisons bourgeoises ouvrent les bras à l'industrie ; les nobles le désertent ; les jardins, les enclos disparaissent pour faire place aux fabriques, aux usines.

Des marchés aux fleurs, aux oiseaux, aux fruits sont créés ; ce qui a suffi à 600,000 habitants ne peut satisfaire plus d'un million.

Bercy devient le grand entrepôt des vins ; Saint-Denis se couvre d'usines où sont distillés les corps gras ; les quais, qui parent maintenant les confins du quartier des Halles, sont occupés par les négociants en grains, graines potagères et autres et par les marchands d'articles de ménage qui ont déserté la rue de la Ferronnerie ; les chapeliers, gaîniers, maroquiniers, etc. vont occuper la place Dauphine, la rue du Four, la rue du Plâtre ou le Marais ; les marchands d'images, de chapelets, de médailles, les faiseurs de livres s'étendent sur la rive gauche ; les abattoirs de la Villette privent Paris des désagréments d'autrefois ; la potence, après avoir fait ses exploits devant les « grandes maisons » (Halles centrales) s'est dérobée ; la voilà à Montfaucon (Buttes Chaumont), puis à la place de Grève, enfin à la Roquette. Elle ne sera plus bientôt nulle part !

L'autre côté des Halles, au-delà des portes Saint-Denis et Saint-Martin, immense marécage, il y a un siècle, est aujourd'hui un quartier luxueux et très commerçant.

En 1804, un seul commissionnaire en marchandises y est établi. Aujourd'hui 800 commissionnaires y ont leurs comptoirs ; leurs chiffres d'affaires dépasse, à eux seuls, un milliard de francs.

A droite des Halles nous voyons s'élever un point central, rendez-vous des nobles et bourgeois en semaine et des manants les jours fériés : c'est le Palais-Royal.

Le commerce et la fabrique s'en emparent, l'entourent avec le même empressement qu'on met aujourd'hui à occuper les locaux qui avoisinent la Bourse de Commerce et l'Hôtel des Postes ; mais c'est particulièrement aux joailliers, orfèvres et fabricants de fantaisies que ce nouveau centre aristocratique sourit.

C'est dans la cour du Palais-Royal, en 1673, qu'eut lieu la première exposition des Beaux-Arts.

Le Palais-Royal fut créé par le cardinal de Richelieu, sur les ruines de l'hôtel de Mercœur et de Rambouillet, en 1629, et terminé en 1636. Il s'appela d'abord le Palais-Cardinal. Il fut donné à Louis XIII ; après la mort de ce dernier, Anne d'Autriche l'habita et s'appela dès lors Royal.

Chaque chose, comme chaque individu, à ses grandeurs et ses décadences. Le boulevard de Gand porta un coup funeste au Palais-Royal, que lui réserve la transformation du quartier des Halles ?

**

Quand on a lu l'histoire du vieux Paris et que la pensée se reporte à tout ce qui nous entoure aujourd'hui, l'on croit avoir fait un rêve. Jamais ville n'a présenté une transformation aussi rapide !

L'enceinte de Philippe-Auguste ne suffirait pas aujourd'hui à contenir la millième partie des usines qui ont été créées pendant cent ans !

Notre sentiment au sujet du vieux et antique quartier des Halles, c'est qu'il n'a pas changé : il n'a fait que grandir et s'embellir !

Nous souhaitons qu'il continue à prospérer car, au point de vue économique, les Halles ne sont-elles pas le baromètre de la fortune nationale ?

Ne donnent-elles pas la vie à deux cents lieues à la ronde ?

Pâtres des Pyrénées et des Alpes, cultivateurs de la Beauce, vignerons du Languedoc et de la Bourgogne, éleveurs de la Normandie, de la Bretagne et du Perche, horticulteurs de tous les coins de nos provinces et de l'Algérie, tous se ressentent du bien-être et des misères de Paris. Si quelques divergences d'idées subsistaient entre Paris et la province, ce centenaire, nous en sommes certains, les aura fait disparaître.

Il ne peut plus y avoir qu'une France, une et indivisible !

## PARIS EN 1789

### Gravure extraite d'un ouvrage de l'ingénieur Chevalier

*Côté faisant face au Marché aux fleurs*

# NOUVEAU QUARTIER DE LA BOURSE DE COMMERCE

Le percement de la rue du Louvre, depuis la rue Saint-Honoré jusqu'à la rue Etienne-Marcel, a amené l'air et la lumière dans l'ancien quartier de la Halle au Blé qui paraissait avoir été ou-

Un peu plus loin, la Caisse d'Epargne, avec son ancienne et curieuse entrée. De l'autre [côté, le massif Hôtel des Postes, en façade sur quatre rues.

**Carrefour de la Rue du Louvre et de la Rue Jean-Jacques Rousseau**

blié de nos édiles. La trouée a produit un effet féérique, et la nouvelle rue du Louvre est aujourd'hui l'une de nos plus belles voies.

En arrivant par les quais, on laisse à sa gauche la magnifique colonnade du Louvre, à droite l'église et la place Saint-Germain-l'Auxerrois. Des bâtiments neufs à six étages s'étendent depuis la rue St-Honoré jusqu'à l'angle de la rue des Deux-Ecus, où se développent, à droite, les deux annexes de la Bourse de Commerce, avec ce dernier monument au centre

A mesure que s'ouvrent les magasins des maisons neuves, le quartier prend une animation de plus en plus grande, que fait ressortir la lumière électrique installée dans la plupart des imbles.

Pour achever l'opération de voierie, il reste à faire le percement jusqu'à la rue Montmartre. Il faudra ensuite élever les deux pavillons entre la Nouvelle Bourse et les Halles Centrales ; on dégagera ainsi les abords de ces dernières, encore trop encombrées.

# LA BOURSE DE COMMERCE DE PARIS

## HISTORIQUE

Le projet de transformer la Halle au Blé en Bourse de Commerce ne date pas de ces dernières années, et ce n'est pas pour en revendiquer la première idée que nous tenons à publier ici les renseignements qui vont suivre. Il s'agit pour nous de fournir des éléments précis sur l'histoire du quartier et, à ce titre, nos documents ne manquent pas d'intérêt.

La Bourse de Paris, située place du même nom, rue Vivienne, avait été construite, de 1808 à 1827, avec les deniers des commerçants et dans le but de constituer, pour ces derniers, un lieu de réunion où ils pourraient facilement traiter leurs affaires. Mais, petit à petit, la finance, qui se développait avec une extrême rapidité, absorbait tout l'emplacement, et c'est à peine si les commerçants avaient pu conserver la jouissance d'une partie du local dans la soirée, entre 5 et 6 heures.

De là de nombreuses réclamations. Les commerçants et industriels demandaient un endroit spécial pour se réunir et pour centraliser leurs informations.

Mais ces réclamations restaient sans écho, et le commerce dut songer à se passer du concours de la Ville. C'est ainsi que fut créé, en 1865, le *Cercle Commercial du Louvre*. L'autorisation a été accordée par M. Boitel, préfet de police, le 6 décembre 1865, à M. Félix Godillot, son véritable fondateur, aujourd'hui Président du Syndicat général à la Bourse de Commerce. Le Cercle, installé dans une des maisons de la place du Louvre, se développa rapidement ; il comptait en 1888 près de mille membres adhérents, s'occupant plus spécialement des farines, blés, grains, huiles, alcools, sucres, etc.

C'était une sorte de Bourse, moins le nom, qu'on n'était pas autorisé à prendre, car la loi veut que dans les villes où il y a une Chambre de Commerce, celle-ci a le droit d'administration, — et au Louvre on voulait conserver son indépendance.

Le Cercle du Louvre, malgré des agrandissements successifs, était devenu insuffisant, et le besoin d'un local plus vaste et mieux approprié aux besoins de la place devenait d'autant plus pressant qu'il existait toujours plusieurs réunions journalières à des endroits différents : de 10 heures à 11 heures du matin, le Marché des blés et farines se tenait rue de Viarmes ; de midi à 3 heures, on se réunissait au Cercle, et le soir on se retrouvait à la Bourse de Paris. Ces fréquents déplacements ne pouvaient être que préjuciables aux affaires.

Tout le monde se plaignait ; mais on ne faisait rien pour sortir d'embarras.

On était en 1879.

Sur le marché au Blé du mercredi, les affaires augmentaient autant qu'au Cercle du Louvre, et ce marché, dit *libre*, se tenait dans des conditions vraiment déplorables, en plein air par tous les temps, dans la rue de Viarmes, autour de l'ancienne Halle au Blé non utilisée.

Ce bâtiment, ouvert à tous les vents, — car les baies n'étaient fermées que par des grilles, — contenait à peine quelques milliers de sacs de blé ou de farine ; les facteurs y avaient installé, en outre, des magasins pour la vente au détail de leurs produits. Le revenu, peu élevé, se trouvait absorbé par les frais de surveillance et d'entretien.

Pourquoi n'utilisait-on pas la Halle pour les réunions du commerce ? — Il aurait suffi d'y exécuter certains travaux, de fermer le pourtour, d'approprier l'intérieur et d'augmenter le jour venant d'en haut par la Rotonde.

L'Administration de la Ville y songeait peut-être ; mais les intéressés continuaient à se plaindre, et le *Bulletin des Halles* enregistrait leurs doléances ; mais rien d'utile ne se faisait.

C'est dans ces circonstances qu'un groupe de capitalistes forma un Syndicat d'exécution et adressa à M. le Préfet de la Seine la pétition suivante, qui résume exactement la situation :

« Monsieur le Préfet de la Seine, à Paris,

» Tandis que la plupart des places importantes de la Province et de l'Etranger ont créé des Bourses spéciales de Commerce, la

Ville de Paris ne possède pas de local approprié pour les transactions commerciales.

» Les grandes affaires, celles notamment qui se font sur les grains et farines, les huiles, les alcools, les sucres et les suifs, ont pris, à Paris, une extension dont profite largement la prospérité générale. Mais leur développement se trouve entravé par les conditions déplorables dans lesquelles ont lieu les réunions du Commerce.

» Le Palais de la Bourse, créé dans le but de remédier à cette fâcheuse situation, a été livré au Monde financier aux heures consacrées d'habitude aux transactions.

» Le Cercle commercial du Louvre, fondé il y a dix ans, n'a jamais pu offrir l'espace nécessaire pour comprendre tous les services ; sa situation peu centrale a obligé les négociants à tenir chaque jour plusieurs réunions au lieu d'une seule.

» Ces inconvénients ne pourraient se prolonger sans porter préjudice aux intérêts considérables engagés dans ce commerce. La création d'une Bourse spéciale est devenue indispensable : Paris ne peut faire moins que la plupart des grandes villes, telles que Le Havre, Anvers, Liverpool, Vienne, Cologne, Hambourg, etc., dont les établissements de ce genre sont cités comme des modèles.

» La solution est d'autant plus désirable qu'elle peut être obtenue sans aucune charge pour la Ville de Paris, qui trouverait même, dans la combinaison que nous avons l'honneur de soumettre à votre étude, une source de bénéfices.

» Il s'agirait uniquement d'approprier à cet effet la Halle au Blé, située rue de Viarmes.

» Depuis l'abolition du factorat, ce monument a perdu sa destination primitive de grenier de réserve pour la Boulangerie, et son rendement annuel est tombé au-dessous de 10,000 francs.

» Le groupe que je représente, constitué pour répondre aux vœux du commerce et, avec son concours, offre de payer un loyer annuel de cinquante mille francs pour un bail de soixante années. Il se chargerait de tous les frais d'appropriation. Le bâtiment ferait, à l'expiration du bail, retour à la Ville avec toutes les améliorations et les grands travaux que nécessite sa nouvelle destination.

» La Halle au Blé, ainsi utilisée, ne perdrait rien de son caractère architectural ; les travaux d'appropriation lui donneraient une plus-value importante et contribueraient à sa conservation en modifiant son affectation actuelle de magasin général, qui l'expose à de nombreuses avaries. »

» Veuillez agréer, etc. »

Signé : GENEVOIS.

On remarquera la date de cette pétition : 26 FÉVRIER 1880.

Elle était appuyée d'un projet d'appropriation de la Halle au Blé, étudié par M. Huillard, architecte de la Ville.

---

Le 14 novembre 1881, près d'un an plus tard, M. le Préfet de la Seine adressait au Conseil municipal un Mémoire relatif à la Bourse de Commerce, et il faisait intervenir la Chambre de Commerce, le *représentant naturel du commerce parisien*, qui *reprenait* l'affaire pour son propre compte et exécutait l'opération à l'aide d'un emprunt fait au Crédit foncier.

La combinaison avait le grave inconvénient de faire dépendre l'appropriation de la Halle au Blé de l'achèvement de la rue du Louvre entre la rue Saint-Honoré et la rue Coquillière. De là les retards qui se sont produits plus tard et des difficultés sans nombre ; mais comme c'est ce projet primitif, un peu modifié, qui a prévalu, nous devons en donner quelques détails.

La Chambre de Commerce empruntait 16 millions, dont 2 pour transformer la Halle. L'emprunt était remboursable par la Ville en 60 ans, capital et intérêts, moyennant une annuité à laquelle la Chambre de Commerce participait pour 100,000 fr., ce qui, au taux de 4 0/0, représentait l'intérêt et l'amortissement de 2,500,000 fr.

Le Mémoire évaluait le revenu net de la Bourse seule à 240,000 francs.

La conclusion favorable du Mémoire mérite d'être citée en entier :

« Avec une annuité de 500,000 francs que l'accroissement de nos recettes d'octroi, malgré les dégrèvements, permet facilement d'inscrire à nos budgets, vous pourrez doter le commerce de Paris, qui joue un si grand rôle aujourd'hui dans les transactions commerciales du monde entier, d'un établissement indispensable à sa prospérité, et vous aurez achevé l'ouverture d'une des voies publiques les plus utiles à la circulation et à l'assainissement de quartiers populeux. »

Le 14 novembre 1883, deux ans après, ce Mémoire était renvoyé au Préfet avec une note de M. Alphand, Directeur des Travaux de Paris.

En juin 1881, M. Marius Martin, nommé rapporteur, présentait au Conseil municipal les conclusions de la Commission nommée à cet effet et le Conseil émettait le vœu suivant :

« Qu'une Bourse officielle des marchandises, affectée au commerce, soit créée à Paris ;

» Que des études soient faites d'urgence et que les conclusions, même approximatives ou provisoires soient communiquées dans » le plus bref délai à la première Commission du Conseil chargée » d'examiner la pétition du Comité central des Chambres syndi- » cales relative à cette question. »

Dans ces conclusions, il n'est question que de la pétition du Comité des Chambres syndicales et qui émanait de la Chambre syndicale des produits chimiques. C'était la moins intéressante, car il s'agissait, pour cette corporation, de créer une Bourse dans le Marais et non d'approprier la Halle au Blé ; ce n'est que plus tard que la Chambre syndicale des produits chimiques s'est ralliée à ce dernier projet, et l'un de ses membres, M. Gillet, a écrit en sa faveur une brochure et plusieurs articles intéressants.

En plus de la pétition reproduite plus haut, il y en avait une autre émanant de M. Genta, et nous n'hésitons pas à citer ce dernier comme l'un des premiers promoteurs du projet de transformation de la Halle au Blé ; il a eu le tort de joindre à son projet l'idée d'immenses travaux de voirie inexécutables.

La Chambre de Commerce, qui considérait son intervention comme indispensable, prit l'affaire en mains dès cette époque. Son Président, l'honorable M. Dietz-Monnin, était un grand partisan de la nouvelle Bourse.

Un de ses membres, M. Poirrier, actuellement président de la Chambre de Commerce, dans un banquet qu'il présidait, s'expliquait sur la question en prenant à partie « l'incurie du gouvernement, lequel n'avait jamais eu l'idée de doter Paris, cet immense bazar du monde entier, d'une Bourse industrielle et commerciale.

» Autrefois, dit-il, nous pouvions à juste titre nous glorifier d'être les pionniers de la civilisation : nous avions presque le monopole des découvertes. Aujourd'hui, les Américains, les Anglais et les Allemands, non seulement nous égalent, mais encore nous deviennent supérieurs.

» Prenons-donc garde, ajoute-t-il dans sa péroraison, que, vaincus en 1870 par la science militaire, nous ne soyons bientôt dépassés sur le terrain industriel. »

Un nouveau concours arrivait : le Cercle du Louvre. Son Président, M. Félix Godillot, qui n'a cessé depuis lors de prêter son concours à la création de la Bourse, assistait à plusieurs entrevues que nous eûmes à cette époque avec M. Poirrier.

---

L'affaire revint au Conseil municipal en mars 1884, et M. Marius Martin était nommé rapporteur des 1re, 3e et 7e Commissions, représentant les *finances*, la *voirie* et les *domaines de la Ville*.

Le rapport qu'il déposa à cette occasion est le document le plus complet qui ait été produit sur la question. M. Marius Martin avait compris l'importance du projet ; il terminait son travail par les lignes suivantes, que nous sommes heureux de citer ici :

» Nous faisons une chose toute pratique.

» La Halle au Blé appropriée et les nouveaux emplacements dans le périmètre sont merveilleusement situés : près de l'Hôtel des Postes, de la Banque de France, du Ministère des Finances, à proximité de la Seine, de l'Hôtel-de-Ville, du Tribunal de Commerce. Là pourront être centralisés tous les services disséminés dans l'intérieur de Paris : chambres syndicales, bureaux de courtiers assermentés, salles pour l'établissement de la cote officielle, pour le classement des types et des échantillons, locaux affectés aux ventes publiques, aux commissions, aux laboratoires, bureaux pour les négociants, bureaux de renseignements, d'avis journaliers de terre et de mer, de dépêches, de correspondances, bibliothèques, bureau télégraphique, etc. A l'extérieur s'élèveront des constructions nouvelles et élégantes où seront installés des comptoirs, un buffet, un cercle. Il sera aussi établi des appareils téléphoniques.

» D'après le projet qui nous a été soumis, le monument conserverait son aspect monumental. Il serait aménagé au rez-de-chaussée, à l'entresol et au premier étage ; les différentes parties en seraient reliées par des passages et par une série d'escaliers. Il n'y aurait pas moins de cent cinquante salles et bureaux divers. »

On ne pouvait mieux voir dans l'avenir. M. Marius Martin a déployé, du reste, dans ces circonstances, une activité et une persévérance qui ne sauraient être trop louées.

Le rapport était suivi d'un projet de résolution invitant M. le Préfet de la Seine à étudier le projet et à présenter une étude de la question.

Cette étude a été fournie le 12 décembre 1884. Elle comprenait un projet de compromis établi entre la Chambre de Commerce et M. Blondel.

Il faudrait mal connaître le monde politique ou administratif pour supposer que les choses pouvaient aller aussi vite. Le 2 mars 1885, la question revenait au Conseil municipal ; les discussions furent des plus vives ; une opposition formidable menaçait de faire échouer le projet. Inutile de citer des noms ou d'insister sur les observations de toute nature présentées dans le cours des discussions : l'avenir s'est réservé d'y répondre ainsi que le faisait alors l'honorable M. Marius Martin dans le nouveau rapport présenté par lui le 2 mars 1884, et surtout dans les discussions très passionnées qui eurent lieu au Conseil, où elles ont occupées plusieurs séances.

Dans toutes ces circonstances, il y a eu un homme qui a puissamment contribué à la réussite de l'opération ; c'est l'éminent directeur des travaux, M. Alphand, qui a compris dès le premier jour l'important rôle qu'une Bourse de Commerce devait jouer dans le mouvement commercial de la Ville de Paris, ce Paris qui lui doit tant et de si belles créations.

D'autre part, M. Poubelle, préfet de la Seine, de même que les principaux agents de la Ville, prêtaient un concours dévoué à la création de la Bourse de Commerce.

Nous n'entrerons pas dans le détail des conditions imposées au concessionnaire, qu'on obligeait à passer par une adjudication publique. Elle eut lieu le 2 février 1886. M. Blondel seul s'était présenté. Il eut la concession.

Il avait fallu plus de six années pour arriver à décider la création d'une Bourse de Commerce à Paris !

Les travaux n'ont pu commencer qu'en 1888. En moins de deux années, ils étaient achevés.

Le Syndicat général, ancien Cercle commercial du Louvre, avait pu s'installer dans la Bourse dès le mois de juillet ; ce qui restait à terminer s'est fait avec une extrême rapidité, y compris les travaux de voirie confiés par M. Meyer, ingénieur en chef, à son collaborateur, M. Bigorgne, inspecteur des travaux, qui a apporté un zèle infatigable dans l'exécution des nombreux remaniements que la voie publique du quartier des Halles a dû subir depuis plusieurs années.

## INAUGURATION DU 24 SEPTEMBRE 1889

L'inauguration a eu lieu sous le patronage de M. le Ministre du Commerce, de l'Industrie et des Colonies, M. Tirard ; du Ministre des Travaux publics, M. Yves Guyot ; du Ministre de l'Agriculture, M. Faye ; de la Chambre de Commerce, représentée par son président, M. Poirrier, et la plupart de ses membres ; en présence des principaux représentants de l'Etat, du département, de la Ville, et d'un grand nombre d'industriels et commerçants.

La fête a réussi admirablement. Il n'en pouvait, du reste, être autrement avec un metteur en scène tel que l'éminent directeur des travaux de la Ville, M. Alphand, aidé par des hommes de valeur comme M. Bouvard, architecte, auteur du Dôme central de l'Exposition, qui a surveillé la décoration faite par la maison Belloir avec l'aide du Garde-Meuble. M. Saint-Martin, conseiller municipal du quartier, et M. Fleury, secrétaire de la Chambre de commerce, ont montré un tact parfait dans leurs fonctions d'administrateurs ; ils ont été fort bien secondés par M. Véron, commissaire de police, et M. Bigorgne, inspecteur des travaux du quartier.

La Ville et la Chambre de commerce avaient réuni leurs efforts : les 1,500 invités à l'inauguration et les 650 convives du banquet ont paru enchantés de la réception.

Le grand hall était transformé en véritable palais, orné de tentures et tapisseries ; le soir, la lumière électrique, installée par la Compagnie Victor Popp, faisait ressortir mieux encore que la lumière du jour les belles peintures qui décorent la coupole.

La salle des Pas-Perdus du Syndicat général a servi de salon d'honneur. C'est là qu'a été reçu, à deux heures, M. le Président du Conseil, ministre du commerce, par MM. Yves Guyot, Spuller et Faye, ministres ; M. Poubelle, préfet de la Seine ; M. Lozé, préfet de police ; M. Alphand, directeur des travaux ; M. Chautemps, président du Conseil municipal ; M. Guillotin, président du Tribunal de commerce ; M. Poirrier, président de la Chambre de commerce ; M. Way, membre de ladite Chambre, président du Syndicat des grains, graines, farines et huiles de Paris ; M. Félix Godillot, président du Syndicat général ; M. J. Bivort, président des Courtiers assermentés ; M. J. Lair, directeur de la Compagnie des Entrepôts et Magasins généraux de Paris ; M. Ch. Bivort, directeur du *Bulletin des Halles*, et un grand nombre de membres du Conseil municipal, de la Chambre de commerce, de notabilités commerciales, de journalistes, etc.

A deux heures, le Président du Conseil, ministre du commerce, de l'industrie et des colonies, a fait son entrée et a pris place au fauteuil présidentiel sur la tribune d'honneur.

La musique de la garde républicaine a fait alors entendre la *Marseillaise*, que toute l'assistance a écoutée debout. Puis M. Tirard a donné la parole à M. Chautemps, qui était assis à sa droite.

Après les discours, M. Tirard a annoncé la promotion, au grade d'officier, de M. Cousté, vice-président de la Chambre de commerce, et la nomination de M. Deville, chef de la deuxième division des travaux de la Ville de Paris, au grade de chevalier de la Légion d'honneur.

Ces nominations venant récompenser de longs états de service de deux personnes fort sympathiques, ont été accueillies par de vives acclamations.

Voici les discours prononcés, suivant leur ordre :

### Discours de M. Chantemps

Monsieur le ministre,

Messieurs,

J'ai l'honneur, au nom de la Ville de Paris, de remettre au commerce parisien et de confier à la haute sollicitude de ses représentants autorisés ce monument magnifique, où va se concentrer désormais la vie commerciale et industrielle de notre grande cité, peut-être pourrais-je dire de la France elle-même, car Paris, qui n'est point encore port de mer, est déjà cependant le plus considérable de nos entrepôts ; ce n'est pas seulement un grand centre de consommation, c'est aussi un important marché international traitant avec toutes les parties du monde.

A ce marché, il manquait un organisme essentiel : nous possédions une Bourse des valeurs financières, depuis longtemps devenue l'un des facteurs les plus incontestables de la prospérité nationale ; mais nos négociants, qui n'éprouvaient pas un moindre besoin de se grouper pour causer de leurs affaires, vendre et acheter, régulariser leurs transactions, où se réunissaient-ils? Les uns, vers cinq heures, sous le péristyle de la Bourse ; d'autres, aux abords de la Halle aux blés, sur la voie publique ; d'autres encore, au Cercle du Louvre et dans des endroits divers ; le commerce parisien était ainsi dépourvu de tout lien, de toute unité ; les pertes de temps étaient énormes, aucune vue d'ensemble n'était possible, les prix normaux ne pouvaient s'établir.

C'est à cette situation fâcheuse qu'a voulu mettre fin le conseil municipal. Il n'a reculé devant aucun sacrifice pour doter la place de Paris d'une Bourse du commerce qui fût en rapport avec ses besoins, et la mettre en état de lutter avantageusement avec les grandes villes de province et de l'étranger qui depuis longtemps nous ont précédés dans cette voie. Si nous arrivons un peu tard, Messieurs, du moins avons-nous cette satisfaction d'avoir bien fait les choses, et avons-nous le droit de penser qu'en participant à la dépense, les commerçants parisiens auront contribué à leur propre prospérité.

Le palais du commerce, que des artistes de haute valeur, architectes, peintres et sculpteurs, ont merveilleusement aménagé et décoré, ne sera pas l'un des monuments les moins intéressants de notre ville ; il est d'ailleurs très heureusement situé à quelques pas de la Banque de France, de la Poste, du Ministère des finances, de la Bourse des valeurs publiques, du Tribunal de commerce, des Halles centrales et de l'Hôtel de Ville, au centre même des affaires, et nous avons l'espérance que, sous la direction de la Chambre de commerce, qui a bien voulu accepter la mission importante que le Conseil municipal lui a confiée, notre Bourse des marchandises servira grandement à développer la puissance commerciale de notre pays.

### Discours de M. Poubelle

*(Extrait)*

Monsieur le Président du Conseil,

Messieurs,

Les monuments, comme les institutions, ont leurs vicissitudes et leurs progrès. Cet édifice, brillant de fraîcheur et d'éclat, c'est notre vieille et sombre Halle aux blés, maintenant élevée à la dignité de Bourse de commerce, inondée de lumière et merveilleusement décorée. Mais, sous sa nouvelle parure, il est facile de retrouver les traits essentiels de sa forme, et je puis dire de sa beauté primitive. Voilà ces murs, ces pilastres, ces arceaux dessinés et élevés par Le Camus de Mézières, de 1763 à 1772. Voilà sa coupole, d'abord à ciel ouvert, puis abritée par une charpente ; incendiée en 1802, puis reconstruite en 1811, avec des fermes de fer coulé — suivant le procédé de Philibert Delorme — et telle, à peu près, que nous la voyons maintenant.

Les lettres patentes de 1755, portant acquisition par la Ville, au prix de 28,000 livres, des terrains de notre Halle nous apprennent qu'elle s'éleva sur l'emplacement de l'hôtel de Soissons. Il venait alors d'être démoli par une bande noire, après avoir servi quelque temps de suc-

cursale aux opérations financières de Law. De son premier nom, ce n'était rien moins que « l'Hôtel de la Reine », l'hôtel de Catherine de Médicis, qui l'avait fait construire lorsqu'elle se fut dégoûtée du Louvre. Cet hôtel était un véritable palais ; mais la propriétaire étant morte insolvable, il fut vendu à la requête de ses créanciers, et c'est alors que Charles de Bourbon, comte de Soissons, en devint l'acquéreur.

Lors de sa démolition, vers 1749, un amateur, Petit de Bachaumont, acheta l'observatoire de Catherine de Médicis et le donna à la Ville, et c'est ainsi qu'aujourd'hui, dans la muraille de cette enceinte, où l'électricité et la vapeur vous apportent heure par heure les nouvelles et les prévisions du monde entier, on voit encore, enchâssée, la haute colonne où une reine montait interroger de plus près la conjonction des astres sur la durée de sa vie et sur les destinées de la race des Valois.

Entre ces deux époques d'un si violent contraste, il s'est écoulé à peine plus de trois siècles. On ne saurait nier que le monde ait marché.

Au contraire, par une similitude singulière, la construction de la Halle aux blés fut, en 1762, l'occasion d'une opération de voirie tout à fait analogue à celle qui a accompagné de nos jours sa transformation.

Les lettres patentes de Louis XV portent ceci : « Article premier. — Les prévôts des marchands et échevins feront incessamment construire une Halle pour les grains et farines dans l'emplacement de l'hôtel de Soissons. Art. 14. — Il sera, par le maître général des bâtiments de la ville, tracé de nouvelles rues pour les abords et au pourtour de ladite Halle. »

Ce « maître général des bâtiments de la Ville », nous le connaissons tous : c'est, aujourd'hui, M. Alphand ; mais il fait plus grand qu'en 1762, et la rue du Louvre est une percée autrement magnifique que les rues Babille, Oblin ou Sartine, et même que la rue de Viarmes, qui fut trouvée, avec raison, fort belle.

Ce palais enchanteur ne sera pas celui de la Belle-au-Bois-Dormant. Déjà, Messieurs, vous y avez apporté l'âme et la vie.

Tous les organes du commerce disséminés dans Paris s'y trouvent dès à présent réunis : chambres syndicales, courtiers assermentés, grands négociants, sont installés. Tout le rez-de-chaussée est occupé. Bientôt, les retardataires trouveront la place prise

Le besoin de rapprochement entre commerçants est tel que les adhérents du Syndicat général augmentent régulièrement chaque année. En 1870 ils étaient 200, négociants, commissionnaires et courtiers. A l'heure actuelle les voilà près de 700 ! et son honorable Président, j'allais dire son Président perpétuel, M. Godillot, est convaincu qu'il fera promptement de nouvelles recrues.

Je ne doute pas non plus que la belle salle de ventes publiques, mise gratuitement par la Ville à la disposition des courtiers assermentés, ne contribue à développer, à Paris, ce genre d'affaires, dont Londres et Anvers ont, en quelque sorte, le monopole, et qui est un des éléments de leur supériorité.

Il est enfin permis de compter que d'autres commerces viendront accroître la sphère d'action du Syndicat général et qu'il attirera à lui les produits chimiques, les bois, charbons, cafés, cotons, métaux, tissus et fécules, qui n'y figurent point encore.

Actuellement, le chiffre des affaires limitées aux farines, blés, grains, sucres, huiles et alcools dépassent certainement 10 millions par jour, soit pour 300 jours trois milliards. L'accession des autres articles que je viens d'énumérer permettra de faire bénéficier des progrès espérés un nombre beaucoup plus considérable de transactions.

Aux motifs de confiance et d'espoir que fait naître en vous la possession d'un instrument perfectionné de commerce et de succès, permettez-moi, Messieurs, puisque le cours de mon sujet m'y amène, d'ajouter quelques considérations d'une portée plus générale, mais également tirées de l'observation exacte des faits.

Vous avez vu le chiffre des marchandises entreposées passer de 150,000 à 600,000 tonnes dans la période de 1870 à 1889 ; c'est le bilan du commerce.

Le bilan comparatif de l'industrie nous est donné par la force de chevaux-vapeur employée dans le département de la Seine : de 27,000 chevaux en 1872, elle est arrivée en 1888 à 50,000 chevaux.

L'importance des opérations effectuées par la Banque de France complète ce tableau. En 1853, 1 milliard 700 millions ; en 1888, 5 milliards 900 millions.

J'ai tenu à constater devant vous, Messieurs, non par des paroles, mais par des faits intéressant directement Paris et sa banlieue, cette progression rapide de notre industrie et de notre commerce ; nous pouvons donc envisager le présent avec satisfaction et l'avenir avec confiance.

Quelle que soit la violence des partis, ils n'ont pu atteindre les sources profondes de la vie nationale. La France, qu'ils se disputent au risque de la déchirer, continue, sans trop s'en inquiéter, son œuvre de progrès et, pendant qu'ils l'outragent et la diffament, elle s'obstine à donner au monde, dans son Exposition universelle, le spectacle de la misère et de l'abaissement où, à les en croire, la République a réduit notre pays !

### Discours de M. Poirrier

*(Extrait)*

Monsieur le Président du Conseil des ministres,

Je suis l'interprète du commerce parisien en exprimant au gouvernement de la République mes plus chaleureux remerciements d'avoir bien voulu honorer cette inauguration par votre présence et celles de Messieurs les ministres des travaux publics et de l'agriculture, et d'avoir donné ainsi à cette cérémonie toute l'importance qu'elle comportait.

Monsieur le Président,
Messieurs,

C'est à l'accueil bienveillant et éclairé que la municipalité de Paris a fait aux vœux du commerce parisien, dont la Chambre de commerce s'était fait le chaleureux défenseur, que nous devons la réédification de ce beau monument que nous inaugurons aujourd'hui, si heureusement transformé, ainsi que l'a dit éloquemment M. le préfet, par ses architectes, ses ingénieurs, ses artistes.

Il contribuera certainement à l'extension des affaires et à la prospérité de la grande cité.

Au nom du commerce parisien, sa Chambre de commerce offre au Conseil municipal, à M. le préfet de la Seine, à M. Alphand, l'expresion de ses sentiments de vive reconnaissance.

Le commerce parisien, dépossédé par ses grands frères de la finance d'une Bourse qu'il avait contribué à édifier de ses deniers, se trouve doté à nouveau, et définitivement cette fois, d'une Bourse de marchandises.

Nos négociants et nos industriels parisiens auront un lieu de réunion où ils pourront traiter leurs affaires, comme cela existe dans les principales villes de France et dans celles de l'étranger.

Ce sont les patentés qui payent la plus grande partie des dépenses nécessitées pour les dégagements de la nouvelle Bourse ; aussi croyaient-ils avoir quelque droit non seulement à la jouissance à perpétuité du hall — ce qui leur est accordé — mais encore à celle des locaux y attenant.

La municipalité, soucieuse comme toujours des intérêts de la Ville, n'a pas cru pouvoir accepté cette demande, mais nous ne doutons pas qu'à l'expiration de la concession il ne s'établisse un accord sur les points en litige entre les représentants de la Ville et ceux du commerce.

Le commerce peut tenter les esprits les mieux trempés, car nulle carrière n'exige à la fois plus d'initiative, plus d'esprit de décision et plus de prudence.

Nulle n'entraîne plus de responsabilités et de plus terribles conséquences : une erreur de conception peut amener des ruines nombreuses.

Le commerce est devenu une véritable science, et la jeunesse qui s'y destine a besoin non seulement d'en avoir les aptitudes, mais elle doit encore y être préparée par des études spéciales.

Les connaissances les plus variées sont indispensables pour celui qui a la prétention de diriger de grandes affaires : les langues étrangères, la géographie du globe, la production et les besoins de chaque peuple, les moyens de transport, la comptabilité, l'étude des marchandises, les opérations de change, le droit commercial, l'économie politique, telles sont les matières que la Chambre de commerce de Paris enseigne dans les trois écoles qu'elle dirige.

La science est devenue pour le commerce, comme pour l'industrie et l'agriculture, la plus précieuse des matières premières.

Fort heureusement que nos éminents professeurs en possèdent des trésors inépuisables qu'ils prodiguent généreusement à notre jeunesse studieuse.

Le sol qui a produit les Dumas, les Chevreul, les Pasteur, verra naître des successeurs dignes de leurs devanciers.

Mais si le haut enseignement est l'inspirateur du progrès, l'enseignement technique en est le réalisateur.

Il nous faut des ouvriers et des contre-maîtres instruits dans leur profession, de savants ingénieurs pour diriger nos usines, et, comme nous l'avons dit, des employés de commerce, de futurs négociants bien préparés par des études spéciales.

Commerçants, fabricants, associations syndicales, chambres de commerce, sont bien pénétrés de l'enseignement technique, car ce sont eux qui ont fondé et qui dirigent la plupart des écoles professionnelles.

Tous les peuples qui nous entourent font les plus grands sacrifices en faveur de cet enseignement; les plus parcimonieux se montrent en cette circonstance les plus prodigues, parce qu'ils savent que l'enseignement est une semence qui leur produira une abondante moisson.

Mais les affaires ont encore d'autres exigences : il leur faut la sécurité du lendemain.

Elles ne peuvent prendre leur essor si le gouvernement est instable, les institutions discutées, le régime économique incertain.

Aussi sommes-nous convaincus d'être l'interprète du commerce en exprimant le vœu que le gouvernement saisisse le Parlement, dès sa rentrée, de la question du régime douanier.

Les traités doivent être dénoncés avant la fin de 1891 ; seront-ils renouvelés ? sur quelles bases ? ou reprendrons-nous au contraire la liberté de nos tarifs, c'est-à-dire leur mobilité, leur instabilité ?

Quelles modifications apporterons-nous à nos tarifs généraux ?

Une enquête auprès des représentants du commerce et de l'industrie étant indispensable, il ne restera au Parlement qu'un temps bien court pour établir l'équilibre entre les nécessités de certaines industries et les besoins de la consommation, pour régler des questions qui auront des conséquences incalculables au point de vue de la prospérité même du pays, c'est-à-dire de sa puissance.

D'autres questions des plus importantes s'imposeront également à l'examen des pouvoirs publics.

Plusieurs de nos grands ports exigent des travaux d'amélioration sous le rapport de l'accès et de l'outillage, de façon à leur permettre de rivaliser avec les ports étrangers.

Notre réseau de voies navigables est à compléter ou à améliorer.

D'autre part, l'état de notre budget exige la plus grande prudence.

Ne pourrait-on concéder les travaux indispensables à exécuter à des associations composées d'éléments représentant le commerce, les municipalités, à qui l'État fournirait une subvention, et qui se couvriraient de leurs avances par des taxes qu'elles seraient autorisées à prélever ? Ce serait le moyen d'arriver à une exécution prompte et aussi peu coûteuse que possible.

L'outillage national, comme celui d'un industriel, a besoin d'être constamment amélioré, sous peine de déchéance. D'ailleurs, une nation ne peut faire de meilleurs placements de son épargne.

Enfin le prix du transport a une telle influence sur le cours de la marchandise, que l'abaissement de nos tarifs de chemins de fer (grande et petite vitesses), dans la mesure compatible avec l'état de nos finances, serait la protection la plus efficace que l'on puisse accorder à notre industrie et à notre agriculture. Ce pays si bien doté par la nature, qui possède une race si heureusement douée, travailleuse, économe, est las des agitations politiques.

Il aime la liberté, mais il veut être gouverné — que le gouvernement fasse respecter nos institutions républicaines et assurer leur stabilité — qu'il règle au plus tôt le régime économique — qu'il continue à améliorer notre outillage national et notre commerce, notre industrie prendra toute l'extension que peuvent lui donner la sûreté de nos relations commerciales, la qualité de nos produits, le bon goût de notre fabrication et la puissance de notre production dont témoigne notre belle Exposition.

### Discours de M. Tirard

Messieurs,

Je n'ai que peu de choses à ajouter aux excellents discours que vous venez d'entendre. Je veux cependant vous dire le plaisir que j'éprouve en me trouvant au milieu de vous, dans mon ancien élément, où je me repose des agitations de la politique, et puis je ne voudrais pas lever la séance sans avoir exprimé ma satisfaction de présider l'inauguration d'un monument destiné à recevoir le commerce parisien qui, depuis trop longtemps, occupait une place secondaire et insuffisante dans le palais de la rue Vivienne, plus spécialement affecté aux transactions sur les valeurs mobilières.

On est vraiment étonné que l'on ne soit pas parvenu plus tôt à installer le commerce parisien dans un monument digne de ce grand centre d'affaires, alors que la plupart des grandes villes de l'étranger et nos grandes villes maritimes et industrielles en étaient depuis longtemps pourvues.

C'était là une situation d'infériorité profondément regrettable, car le besoin de se concerter pour certaines branches de commerce est absolument impérieux.

Cela est si vrai que, faute d'un local officiel, les négociants de Paris avaient coutume de se réunir dans des locaux disséminés où ils discutaient, même en plein air, leurs importantes affaires. Cet état de choses fâcheux prend fin aujourd'hui. Il faut s'en féliciter et remercier ceux qui ont mené à bon terme cette laborieuse transformation.

Indépendamment du côté matériel de cette question de local, je me félicite de voir les affaires commerciales traitées dans un bâtiment spécial, en dehors des opérations de jeu et de pure spéculation qui tiennent une si large place dans les marchés financiers.

Certes, j'ai la plus grande estime pour les honorables agents qui fonctionnent dans le palais de la Bourse des valeurs mobilières ; mais je préfère que le commerce proprement dit ne soit pas confondu avec les spéculateurs dont le jeu est la principale affaire et dont les agents auxquels je viens de faire allusion ne sont pas toujours les maîtres.

Assurément, le commerce est libre, dans les limites de la loi, et je n'entends apporter aucune entrave à ses opérations ; mais j'ai bien le droit d'espérer que, fidèle à ses traditions, la Bourse de commerce de Paris restera affectée aux transactions fermes et sérieuses, à l'exclusion des affaires fictives se réglant par des différences et qui, indépendamment des risques qu'elles font courir aux imprudents qui s'y livrent, ont le grave inconvénient de fausser la valeur des marchandises, en faisant artificiellement et brusquement la hausse ou la baisse, au grand détriment de la production et de la consommation.

Nous avons eu récemment un cruel exemple du danger de ces spéculations insensées, et il faut souhaiter que cet exemple, qui aurait pu avoir d'effroyables conséquences, ne sera pas perdu. Autant nous devons honorer et encourager le commerce loyal et sérieux, entreprenant, quelquefois même hardi, autant il faut répudier l'agiotage, le jeu, la coalition et l'accaparement plus ou moins habilement dissimulés.

Je suis convaincu que tel est le sentiment des honorables membres de la Chambre de commerce de Paris, qui ont toujours donné des preuves de leur esprit de prudence, de sagesse et de haute probité commerciale.

Il y a longtemps, Messieurs, que j'ai été à même d'apprécier le zèle et le dévouement que la Chambre de commerce de Paris (comme toutes nos Chambres de commerce d'ailleurs), apporte à l'étude des questions soumises à son examen. Il y a dix ans, les Chambres de commerce ont été mes collaborateurs les plus éclairés dans l'établissement du tarif général des douanes et la négociation des traités tant attaqués aujourd'hui.

Le rôle des Chambres de commerce va devenir plus important que jamais, car il faut espérer que les questions d'affaires finiront par prendre le pas sur les questions purement politiques. Le régime économique de la France sera certainement une des grosses, pour ne pas dire la plus grosse des questions que la nouvelle législature devra traiter, puisque c'est au cours de son existence que nos conventions internationales arrivent à leur terme.

Dans ces circonstances, les Chambres de commerce ne manqueront pas de donner leur puissant concours au Parlement, et elles le feront avec la compétence, la maturité, la hauteur et l'ensemble de vues qui sont indispensables dans l'étude de ces importantes et difficiles questions.

La Chambre de commerce de Paris a rendu bien d'autres services, notamment en ce qui concerne l'instruction et l'éducation commerciales, naguère si négligées dans notre pays, et dont on commence à peine à comprendre la nécessité. Il n'y a pas besoin d'être savant pour acheter bon marché et vendre cher, disait-on autrefois.

Nos voisins, mieux avisés, faisaient apprendre à leurs jeunes gens les langues étrangères, les questions de change, les systèmes monétaires, la géographie commerciale, la législation et le régime économique des pays les plus importants, toutes études qui n'existent en France que depuis l'initiative prise récemment par des Chambres de commerce et par quelques municipalités.

Il était temps d'aviser, car nous étions menacés de perdre toute influence commerciale à l'étranger, par l'incurie avec laquelle nous laissions prendre notre place sur les marchés les plus importants, souvent même avec nos propres marchandises.

Il faut bien le reconnaître : producteurs de premier ordre, nous ne sommes pas, à beaucoup près, d'aussi habiles négociants. Je parle, bien entendu, de la généralité, car je sais qu'il y a parmi nos commerçants de brillantes exceptions. La concurrence nous talonne de si près, cependant, que nous ne devons rien négliger pour conserver les positions acquises de longue date. Il faut que nous vendions nous-mêmes les produits que nous fabriquons si bien, et sans passer par des intermédiaires

étrangers qui, tout naturellement, s'occupent d'abord du placement de leurs propres produits.

Ce n'est pas seulement à l'étranger, c'est également à l'intérieur qu'il importe de renforcer la valeur de l'élément commercial, car l'on sent en France, plus que partout ailleurs, le défaut de corrélation entre les prix de la production et ceux de la consommation.

J'ai toujours été frappé, par exemple, de l'anomalie que présente en général la valeur des denrées. D'une part, une cherté excessive et croissante dans les grands centres de consommation et, d'autre part, une baisse continue dans les prix payés à la production, baisse qui provoque les plaintes réitérées et unanimes de nos agriculteurs.

Ce phénomène, depuis longtemps constaté, et qui a motivé d'ailleurs la création de nombreuses sociétés coopératives de consommation, est certes de nature à provoquer l'étude des syndicats et des associations agricoles ; mais comme le remède n'est pas facile à trouver, qu'il faut, pour traiter utilement ces questions importantes, des connaissances variées que l'on ne possède pas toujours faute d'études préalables, l'on trouve plus expédient de s'en prendre à l'État, qui est incessamment sollicité, sous une forme ou sous une autre, d'intervenir dans des affaires qui, le plus souvent, ne sont pas de sa compétence.

Eh bien ! j'estime que l'éducation commerciale, beaucoup trop négligée chez nous, est la cause principale de cette tendance, ancrée dans nos mœurs, à recourir sans cesse et en toute chose à l'intervention de l'État. Aussi, ne saurais-je trop applaudir aux efforts faits, depuis plusieurs années, par nos Chambres de commerce, pour réagir contre ce fâcheux état de choses, et doter notre pays de jeunes gens instruits qui, grâce à leurs connaissances variées, trouveront dans le commerce, dans l'industrie et dans l'agriculture des perspectives pour le moins aussi avantageuses et sûres que celles des carrières dites libérales, déjà si encombrées, et surtout que les fonctions publiques, où les candidats foisonnent.

Certes, Messieurs, nous avons le droit d'être fiers de l'immense succès dont nous jouissons en ce moment, aux yeux du monde entier ; mais ce succès oblige et nous devons ne rien négliger pour conserver le haut rang où nous sommes parvenus.

Aujourd'hui que la paix intérieure est assurée et que rien ne nous fait craindre qu'elle soit troublée à l'extérieur, ayons confiance dans l'avenir, n'ayons d'autre souci que d'assurer la prospérité de la France par notre sagesse et par le travail !

## LE BANQUET

Le soir, à sept heures et demie, un splendide banquet de six cent cinquante couverts a été donné par la municipalité de Paris et la Chambre de commerce, dans la même salle.

A la table d'honneur, présidée par M. Yves Guyot, ministre des travaux publics, ayant à sa droite M. Spuller et à sa gauche M. Léopold Faye, nous avons reconnu MM. Chautemps, Poubelle, Lozé, Alphand, Berger, Picard, Jacques, Muzet, Lamouroux, Stupuy, Després, Nicolas, Palain, Blondel, architecte, ses principaux collaborateurs, entre autres M. Croisy, l'auteur du fronton de la porte d'entrée ; un grand nombre de conseillers municipaux, les présidents des syndicats commerciaux, de nombreuses notabilités commerciales, etc., etc.

Pendant le repas, servi par la maison Potel et Chabot, l'excellente harmonie l'Union musicale des Entrepôts et Magasins généraux de Paris, sous la direction de M. Fournier, n'a cessé de faire entendre les plus brillants morceaux de son répertoire.

C'est M. Chautemps qui, le premier, a élevé son verre et, en termes très chaleureux, a porté un toast à M. Carnot, Président de la République française.

M. Poubelle, préfet de la Seine, a ensuite pris la parole et bu à la santé des membres de la Chambre de commerce.

M. Poirrier a répondu à ce toast.

Enfin, M. Yves Guyot, ministre des travaux publics a, dans un discours très applaudi, célébré la valeur du commerce français, si universellement apprécié par ses habitudes de haute probité et de loyauté incomparables.

A dix heures et demie, la fête se terminait, et cette brillante réunion se dispersait, après avoir fait une véritable ovation à M. Blondel, l'architecte du beau Monument qu'on venait d'inaugurer avec un si grand éclat.

# LA BOURSE DE COMMERCE ET SES ANNEXES

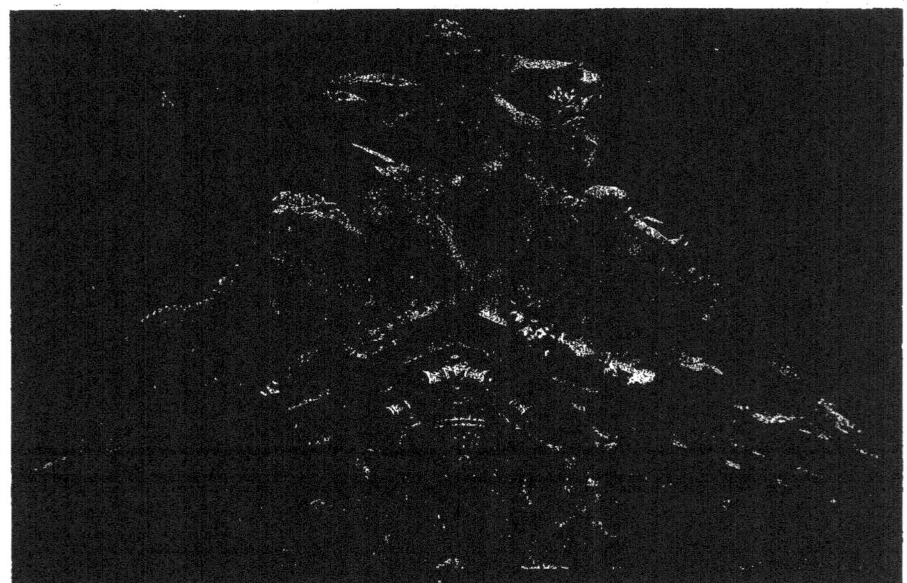

Fronton de la Porte d'entrée. — Croisy

En venant du quai du Louvre, on laisse à sa droite l'église St-Germain-l'Auxerrois, et à gauche la belle colonnade du Louvre. Après avoir traversé la rue de Rivoli et la rue St-Honoré, on arrive, à quelques pas plus loin, au carrefour formé par la rue du Louvre et la rue J.-J. Rousseau ; c'est là que se trouve la nouvelle Bourse de Commerce, ancienne Halle au blé transformée.

Cette Halle au Blé avait été construite en 1707. La partie centrale, d'abord laissée libre, fut couverte par Philibert Delorme, à l'aide d'une charpente en bois; consumée par un incendie, en 1802, l'architecte Brunet la remplaça par une coupole en fonte à réseau de fer, recouvert de lames de cuivre.

La coupole a été conservée dans la transformation apportée à la Halle; les autres parties du monument ont été complètement modifiées.

On a commencé par creuser sous l'emplacement de la Halle, dans l'intérieur, un sous-sol de quatre mètres de profondeur. Un double plafond avec un espace de 25 centimètres sert à isoler les machines dynamos, installées dans le sous-sol pour produire la lumière électrique de la Bourse et de tout le quartier voisinant. Une autre partie est disposée en chambre froide pour la conservation des primeurs et légumes. Enfin, dans une troisième partie se trouvent deux batteries d'ensemble 12 calorifères destinés au chauffage de la Bourse par 50 colonnes montantes de chaleur.

L'installation des sous-sols a été confiée à la Compagnie Parisienne de l'air comprimé (procédés V. Popp), et c'est une des parties les plus remarquablement réussies.

Pour gagner de la place, on a démoli les bas-côtés annulaires ; le mur extérieur, qui avait 1$^m$50 d'épaisseur, a été remplacé par un autre de 0$^m$50.

Les bas-côtés supportent un entresol et deux étages ; ils sont mansardés du côté extérieur.

L'éclairage du Hall a été amélioré par l'enlèvement de la couverture de cuivre ; la partie inférieure a été couverte en ardoises ; au-dessus, une calotte vitrée laisse entrer la lumière à flots.

L'entrée se trouve au centre des deux bâtiments annexes, sur l'ancienne rue circulaire de Viarmes qui a été conservée.

Le portique est flanquée de quatre colonnes d'ordre corinthien

Vue générale de la **Bourse de Commerce** et de ses **Annexes**

d'un grand effet, surmonté d'un fronton admirable dû au sculpteur Croisy, l'auteur du monument de Chanzy. Ce fronton représente la Ville de Paris protégeant l'agriculture et l'industrie ; aux extrémités, deux enfants brandissant un caducée.

Le pourtour de la Halle est orné de statues décoratives : des groupes d'enfants alternent avec des sujets représentant les principales villes de France, sculptures dues aux artistes suivants : MM. Cordonnier, Delhomme, Dénéchaux, Gasq, Hainglaise, Letourneau, Lormier et Turcan.

Le vestibule d'entrée est également orné de colonnes d'ordre corinthien très décoratives. A droite et à gauche deux escaliers en marbre et deux ascenseurs desservent les étages.

L'immense hall apparait sous un jour éclatant, avec ses magnifiques peintures exécutées par MM. Mazerolles, Luminais, Clarin, Lucas et Laugée.

On a conservé, en le restaurant, un escalier ancien qui se trouve à quelques mètres de la Tour de Catherine de Médicis ; cet escalier est à double révolution comme celui du château de Chambord. Il est connu comme un modèle de coupe de pierre.

Au niveau de chacun des deux étages, dans le Hall, existe un balcon circulaire, en fer pour le premier étage et en pierre pour le second.

Tout autour, depuis le rez-de-chaussée, se trouvent des bureaux

Le Nord — Mazerolles

et installations privées ; l'ancien Cercle du Louvre, transformé en Syndicat général occupe sept travées.

Citons encore la Compagnie des Courtiers assermentés, les Postes et Télégraphes, l'Agence Havas, le Crédit Lyonnais, la Compagnie Transatlantique, la Caisse de garantie des affaires en marchandises, etc.

L'installation du Syndicat général comprend au rez-de-chaussée :

Le Secrétariat, une salle de correspondance, un salon de lecture, 12 cabines téléphoniques.

Au premier étage, avec escalier à double révolution, passant par la salle des Pas-Perdus, se trouve une immense salle affectée aux liquidations.

Le sous-sol comprend le service des farines douze marques avec 2 fours comprenant tous les perfectionnements les plus récents, un jeu de 32 pétrins mécaniques, un laboratoire de gluten, d'hygrométrie, etc.

Le deuxième étage comprend toutes les salles d'expertise de tous les syndicats professionnels et les salles des administrations de tous ces services.

L'installation du syndicat est fort réussie. La salle des Pas-Perdus surtout est remarquable. Une belle cheminée avec un buste de Henri II, par Germain Pilon, reproduction de celle du Louvre, par Jean Goujon, est encadrée d'une Mappemonde supportée par des personnages empruntés aux quatre parties du monde. Trois cartouches contiennent les principales dates

Vue extérieure de la Bourse de Commerce.

relatives au Syndicat, ancien Cercle Commercial, dont nous reproduisons ci-après le texte:

LES NÉGOCIANTS, INDUSTRIELS ET COURTIERS
RÉUNIS EN ASSEMBLÉE GÉNÉRALE
VOTENT PAR ACCLAMATION LA FONDATION
DU CERCLE COMMERCIAL DU LOUVRE
INAUGURÉ
LE 6 DÉCEMBRE 1865

FORMATION DU SYNDICAT GÉNÉRAL
DES GRAINS, GRAINES, FARINES, HUILES, SUCRES
ET ALCOOLS
A LA BOURSE DE COMMERCE DE PARIS
PAR L'UNION DE LA CHAMBRE SYNDICALE DES GRAINS,
GRAINES, FARINES ET HUILES
DE L'ASSOCIATION SYNDICALE DES ALCOOLS
DE L'ASSOCIATION SYNDICALE DES BLÉS, SEIGLES
ET AVOINES
DE L'ASSOCIATION SYNDICALE DES FARINES
DOUZE MARQUES
DE L'ASSOCIATION SYNDICALE DES HUILES
ET DU SYNDICAT DES SUCRES
15 JUILLET 1889

LES DIVERS GROUPES COMMERCIAUX
DES ALCOOLS, BLÉS, SEIGLES ET AVOINES, FARINES.
HUILES ET SUCRES
SE TRANSFORMENT EN SYNDICAT
ET DÉCIDENT DE SE TRANSPORTER A LA BOURSE DE
COMMERCE
15 JUILLET 1889

La Compagnie des Courtiers assermentés occupe deux travées à droite en entrant : au rez-de-chaussée, salle d'échantillons et de correspondance pour ses membres, et salle des ventes publiques ; au premier étage, bureau du Secrétariat et services divers.

Revenons à la décoration du Hall.

C'est à Mazerolles que sont dus les quatre groupes allégoriques en grisailles qui séparent les grandes peintures et dont nous donnons ci-contre un spécimen ; ils figurent les quatre points cardinaux en indiquant l'orientation. Ces motifs semblent s'appuyer sur des entablements en pierre, s'harmonisant ainsi parfaitement avec l'architecture.

Luminais a peint le commerce de l'Amérique et de l'Océanie ; à droite, une compagnie de moufflons ; à gauche, un personnage déployant le drapeau américain.

Clairin a peint, dans une note gaie, le commerce de l'Asie et de l'Afrique. Les trois sujets produisent un heureux ensemble : au centre, l'Afrique est représentée par un groupe

Vue intérieure de la Bourse de Commerce.

noir qui se détache sur un ciel très clair ; à droite se mêlent, dans une coquette harmonie, des Chinois et des Japonais aux costumes éclatants ; à gauche, s'étalent les tapis et les cachemirs de l'Inde, et se pressent les Hindous, les Anglais, les Français, découpant leur profil sur une mer vert clair et sous un ciel bleu.

Laugée a peint, d'une façon sobre, le commerce. La neige tombe en abondance, pendant que les matelots déchargent une cargaison de poissons.

Lucas a peint, avec une coloration riche et puissante, le commerce des pays d'Europe. D'un côté, l'Espagne se trouve figurée par un déballage d'oranges ; de l'autre côté, la France fait la rentrée des récoltes, presse le fruit de la vigne et chauffe la locomotive ; au premier plan, un faucheur remarquable rappelant celui du tableau célèbre de Lhermitte. C'est ce dessin que nous reproduisons.

Toutes ces peintures, reliées par leur ciel, s'harmonisent parfaitement et produisent le plus grand effet.

L'élévation de la coupole est telle qu'il a fallu donner aux personnages des proportions énormes. Les têtes du premier plan n'ont pas moins d'un demi mètre.

A droite et à gauche de la rotonde se trouvent les deux annexes de la Bourse, en façade sur la rue du Louvre : d'une architecture sobre et pondérée, ces bâtiments encadrent parfaitement le grand portique principal.

L'annexe de droite forme un Hôtel de voyageurs, destiné spécialement à tous les commerçants se rendant à la Bourse ; celle de gauche est divisée en bureaux de commerce et appartements.

Le Commerce des pays d'Europe. — F.-H. Lucas.

1889

# M. H. BLONDEL

## Architecte de la Bourse de Commerce

Ceux qui ont connu l'ancienne Halle au blé et qui visitent aujourd'hui la nouvelle Bourse de Commerce, ne peuvent croire que ce soit le même bâtiment, auquel on a fait subir une simple transformation.

Il faut dire que cette transformation a été complète et qu'elle est due à un architecte de talent, M. H. Blondel, dont on n'a plus à compter les œuvres remarquables qu'il a exécutées et parmi lesquelles nous citerons : l'Hôtel du Cercle agricole, celui de la Société des Dépôts et Comptes-courants, toutes les maisons formant le périmètre de la place du Théâtre Français, l'établissement de la Belle Jardinière, les magasins Guillout, les immeubles du boulevard Montmartre au coin de la rue Drouot, ceux de la place des Victoires au coin de la rue Etienne Marcel, enfin, l'Hôtel Continental, dont tout le monde admire la belle ordonnance et l'installation luxueuse autant que confortable. Ces constructions sont de véritables monuments, différant par le style, se distinguant par la belle harmonie de l'architecture et les dispositions parfaites de l'intérieur, en rapport avec leur destination.

A la suite de l'Exposition Universelle de 1878, M. Blondel fut décoré de la Légion d'honneur et reçut, de la Société centrale des Architectes, la grande médaille d'or.

En commençant les travaux de la nouvelle Bourse de Commerce, M. Blondel déclara qu'il voulait faire de cette œuvre le couronnement de sa carrière d'architecte.

Il a fait, en réalité, une merveille, qui mérite d'autant plus d'être signalée, qu'il y avait là de sérieuses difficultés à vaincre. Qu'on se rappelle, en effet, les énormes piliers, supportant le magnifique dôme en fer ? Il a fallu couper en plein dans ces épaisses murailles, trouver une disposition appropriée aux différents commerces à installer à l'intérieur, conserver quelques parties anciennes, comme la tour de Catherine de Médicis et le fameux escalier à double évolution, placé à côté des Halles.

Nous ne parlons pas ici des difficultés de toute nature vaincues par M. Blondel, avant et pendant les travaux : il n'y a que ceux qui, comme nous, ont suivi toutes les négociations relatives à l'entreprise de la Bourse de Commerce qui peuvent se faire une idée de l'intelligence et de la persévérance qu'il a fallu déployer, des sacrifices de toute sorte qu'il a fallu faire pour arriver au but poursuivi.

La question de l'éclairage intérieur était des plus intéressantes : elle a été résolue à la satisfaction générale. Le dôme se détache aujourd'hui d'une façon merveilleuse et le grand jour, qui pénètre à profusion dans le Hall central, permet d'admirer les peintures exécutées dans la partie couverte par des artistes tels que Mazerolles, Luminais, Clairin, Laugée, Lucas, etc.

Le fronton qui couronne la porte d'entrée, dû au ciseau de M. Croisy, fait l'admiration de tous les connaisseurs, et le massif monument, dans sa belle simplicité, avec les statues et motifs qui le couronnent, s'élève de la façon la plus harmonieuse au centre de deux constructions annexes.

Celles-ci complètent ce bel ensemble : leur architecture sobre est d'un goût parfait. Il faut, toutefois, regretter le peu de perspective de ces bâtiments, défaut dû au manque de place et auquel l'architecte n'a pu suppléer, malgré son talent.

Voici quelques notes biographiques sur M. Blondel :

Il est né à Reims.

Après avoir fait de bonnes études à l'Ecole des Arts-et-Métiers de Châlons, il débuta à Paris, dans les bureaux de l'architecte Caristie, membre de l'Institut.

Peu de temps après, il dirigea, dans sa ville natale, en qualité d'inspecteur, les travaux de restauration des Fontaines et de l'église Saint-Rémy.

Revenu à Paris, il entra ensuite chez un éminent architecte, M. Rolland, sous la direction duquel il exécuta de nombreux travaux jusqu'en 1852.

Il passa ensuite dans l'atelier de M. Labrousse, architecte, membre de l'Institut.

Il commença à entreprendre des travaux pour son propre compte dans les premières années de l'Empire, sous lequel le baron Haussmann allait transformer tout Paris. M. Blondel eut un grand nombre de constructions à exécuter, principalement sur les boulevards de Sébastopol et de St-Michel, et dans le quartier des Halles.

**M. BLONDEL**
Architecte

Il avait épousé, en 1852, la fille aînée de M. Grosselin, sténographe-reviseur à la Chambre des députés et aux assemblées qui lui succédaient.

M. Grosselin, qui avait eu occasion de connaître M. Blondel à la suite des évènements de 1848 et ne l'avait plus perdu de vue, avait remarqué ses grandes qualités, son ardeur au travail, son courage, qu'un fait particulier vint mettre en relief.

On lisait, en février 1849, dans les journaux :

« Hier, en pleine après-midi, une jeune fille s'est jetée du Pont des Arts dans la Seine. Un attroupement s'est formé aussitôt et l'on se demandait de quelle manière on pourrait venir au secours de la noyée, quand un jeune homme sortit de la foule, ôta son paletot et se lança dans la Seine du haut du Pont des Arts ; il ramena bientôt la jeune fille, qui lui dût ainsi la vie. »

Le jeune homme c'était M. Blondel.

Après quelques années, confiant dans l'avenir de ce jeune homme intelligent, laborieux et éminemment sympathique, M. Grosselin, bien que M. Blondel eut tout récemment quitté son patron, M. Rolland, et eut à peine du travail, n'avait pas craint de lui donner sa fille.

Ce mariage fut heureux, nous n'avons pas besoin de l'ajouter. Aujourd'hui, M. Blondel est grand-père, et il peut espérer de vivre encore de longues années, car, malgré la fiévreuse activité qu'il a déployée dans sa longue carrière, malgré des difficultés de toutes sortes qui ne pouvaient manquer de surgir dans le cours de la vie d'un homme aussi entreprenant, il a conservé jusqu'à ce jour toute son énergie et une grande puissance de travail. Aussi croyons-nous que la Bourse de Commerce ne sera pas sa dernière œuvre; mais nous sommes convaincus que ce sera la plus belle et la plus glorieuse, celle qui contribuera le plus à le ranger parmi les architectes les plus renommés.

# LES COLLABORATEURS DE M. BLONDEL

Dans une entreprise aussi considérable que la Bourse de Commerce et de ses annexes, se chiffrant par une dépense de 7 à 8 millions de francs, un grand nombre de collaborateurs ont dû prêter plus que leur concours matériel ou technique. Le côté artistique ne leur a pas échappé et beaucoup méritent d'être mentionnés dans ce travail, car ils ont contribué pour une part à la réussite générale de l'œuvre.

La conduite et la surveillance des travaux étaient confiées à MM. Latruffe, vérificateur, et Boegner, inspecteur, deux auxiliaires aussi dévoués que capables.

Pour l'organisation et l'administration de l'entreprise, M. Blondel a trouvé dans son jeune et intelligent secrétaire, M. Vercken, un précieux collaborateur, qui a déployé, dans ces délicates fonctions, des qualités vraiment supérieures.

M. G. de Hérédia était chargé des locations : il s'en est acquitté avec un véritable zèle et le plus grand succès puisque actuellement la moitié des locaux sont déjà occupés.

La partie artistique a été répartie entre des artistes de valeur tels que M. Croisy, qui a exécuté le magnifique fronton de la porte d'entrée.

M. Mazerolles est mort après avoir achevé les quatre motifs de la Rotonde qui séparent les peintures dues à MM. Luminais, Clairin, Lucas et Laugée, peintures représentant le commerce des principales contrées.

Les sculptures qui décorent le pourtour de la Bourse sont dûs aux artistes suivants :

MM. Cordonnier, Delhomme, Dénéchaux, Gascq, Hainglaise, Lelourneau, Lormier, Turcan.

Voici les noms des principaux entrepreneurs ayant travaillé à la Bourse de Commerce :

*Maçonnerie* : M. Guillemot.
*Charpente* : M. Vezel.
*Serrurerie* : M. Roussel ; MM. Barbot, Thomas et Cie.
*Couverture-plomberie et gaz* : MM. Beau et Bertrand-Taillet ; L. Picquenet frères.
*Menuiserie et parquets* : M. Combe ; Sausserousse.
*Fumisterie* : MM. Geneste, Herscher et Cie ; M. C. Picquenet ; d'Anthonay ; Cubain.
*Peinture* : MM. Maugas et Cornil.
*Marbrerie* : MM. Richard et Cie.
*Mosaïque* : MM. Fourcade et Cie.
*Carrelages céramiques* : M. Corbassière.
*Stuc* : MM. Demargue et Rousselet.
*Ascenseurs* : MM. A. Pifre ; Morane jeune, Roux et Combalouzier.
*Dorure et glaces* : MM. Albertin et Hagnauer.
*Sculpture* : MM. Meyer et Girard.
*Ornements* : M. A. Baillif.
*Terrassements* : M. Aubry.
*Bitume et pavages* : M. Custet.
*Égouts* : MM. Breuil et Lazies.
*Fermetures et Persiennes* : MM. Baudet, Donon et Cie ; Chedeville et Dufresne.
*Enseignes* : MM. Bassan et Cie.
*Agencements et ameublements, bronzes, etc.* : Cordier et Cie ; Grands Magasins du Louvre ; Renon et Cie ; Voilereau.
*Installation électrique* : MM. Ch. Mildé et Cie ; Rousseau et Cie.
*Téléphonie* : Société Générale des Téléphones.
L'*Éclairage électrique* a été organisé par la Compagnie Popp, qui a installé un poste central, avec de puissantes machines, dans les sous-sols de la Bourse de Commerce.

## M. GUILLEMOT, Entrepreneur de Constructions

Parmi les collaborateurs de M. Blondel, il y en a un qui mérite une mention particulière.

C'est M. Guillemot, l'entrepreneur des travaux de construction.

Ces travaux, considérables, ont dû être menés avec une grande célérité. Aussi, M. Guillemot n'a pas manqué un jour sur les chantiers, où il occupait constamment plusieurs centaines d'ouvriers.

Rien n'échappait à son œil vigilant, et c'est grâce à l'activité déployée par un personnel d'élite qu'il a pu mener à bien cette entreprise dans un délai relativement court.

M. GUILLEMOT

Cette surveillance constante, mais toute paternelle, est dans les habitudes de M. Guillemot. Chez lui, pas un mot plus haut l'un que l'autre ; ses ordres s'exécutent pour ainsi dire tout seuls, car ses ouvriers sont heureux de satisfaire un patron qui a toute leur estime parce qu'il sait leur accorder sa confiance.

M. Guillemot est dans le bâtiment depuis près d'un demi-siècle.

Il est venu à Paris en 1841, en sabots comme on dit, appelé par un oncle, maître maçon, qui, sachant apprécier les mérites de son jeune apprenti, lui confia bientôt le poste de chef d'atelier.

En 1854, M. Guillemot a commencé les travaux pour son propre compte.

Les entreprises se sont succédées à partir le 1854, et, aujourd'hui, le chiffre des constructions exécutées par M. Guillemot dépasse 30 millions de francs.

M. Guillemot a exécuté pour la Compagnie d'assurances *L'Union* pour près de 10 millions et, pour la Compagnie *La Réassurance*, 2 millions de travaux.

Il a construit des Palais, des Hôtels et des maisons particulières ; enfin, les Halles de Passy, celles d'Auteuil et celles de Montmartre.

Mais sa principale entreprise est la Bourse de Commerce, dont les mémoires dépasseront de 3 millions de francs ; ce sera assurément son plus beau travail, comme c'est aussi l'œuvre maîtresse de l'architecte, M. Blondel.

# LA BOURSE DE COMMERCE

---

## ADMINISTRATION ET ORGANISATION

# BOURSE DE COMMERCE

## ORGANISATION ET ADMINISTRATION

L'administration de la Bourse appartient à la Chambre de Commerce, qui n'a cependant pas voulu se décider à y transférer son siège, malgré les locaux mis à sa disposition. Nous devons toutefois espérer, qu'en présence du succès que la Bourse a obtenu dès son ouverture, la Chambre de Commerce, mieux inspirée et reconnaissant, en outre, qu'elle a tout à gagner à être en communication plus intime et plus constante avec les commerçants dont elle tient à surveiller les intérêts, ne tardera pas à revenir sur cette décision.

****

L'entrée principale et, en quelque sorte unique de la Bourse de Commerce, se trouve sur la rue du Louvre, entre les deux magnifiques bâtiments qui forment ses annexes et dont l'un est disposé en Hôtel ; l'autre est aménagé pour logements destinés plus spécialement au monde commercial.

Le monument central est l'ancienne Halle au Blé, dont l'immense rotonde, couverte en partie, d'une superficie de 1,500 mètres et d'une hauteur de 45 mètres au centre, sert de Bourse publique ; l'enceinte est percée, au rez-de-chaussée, de portes ou fenêtres, donnant en même temps sur le Hall et sur la rue de Viarmes qui fait le tour de la Bourse. L'ancien pourtour de la Halle a été transformé en bureaux d'administrations, de banques, de change, etc. : on y trouve également un bureau des postes et télégraphes, et bientôt, sans doute aussi, un bureau public de téléphones.

La Compagnie des Courtiers assermentés occupe plusieurs travées : une immense salle de vente au rez-de-chaussée et, au premier, les différents services de son administration.

Le Syndicat général occupe sept travées sur vingt-huit ; il y a installé sa Salle des pas-perdus, le secrétariat, les cabines téléphoniques, la salle de correspondance et le salon de lecture. A l'entresol, une immense salle est consacrée aux liquidations.

Tandis que les fours et la panification, ainsi que le laboratoire de M. Lucas, ont été installés dans les sous-sols, les bureaux et salles d'expertise des marchés aux blés, seigles, etc. ont été aménagés au troisième étage, communiquant avec les autres étages par un ascenseur-monte-charges.

Nous reproduisons ci-après, d'après un rapport de M. Aimé Girard, des renseignements sur le fonctionnement du laboratoire d'expertises de la Commission des farines douze marques.

## LABORATOIRE D'EXPERTISES DE LA COMMISSION DES FARINES DOUZE MARQUES

Sous le nom de Marché des farines douze-marques, on désigne une institution remarquable, créée librement, il y a vingt-cinq ans, sous une forme sensiblement différente de sa forme actuelle, par l'association des négociants en farines de la place de Paris.

Le but de cette institution est d'assurer la loyauté du commerce des farines à livrer, par une reconnaissance préalable de la qualité de ces farines.

C'est à 1860 qu'en remonte la création. On l'appelait alors le marché des quatre-marques. C'était à cette époque, on peut le dire un marché tout de confiance. Quatre meuniers seulement, connus par leur honorabilité ainsi que leur habileté technique, en étaient les fournisseurs. Deux autres meuniers leur furent adjoints par le commerce, en 1861, et le marché prit le nom de marché des farines six-marques, qu'il conserva jusqu'en 1868.

Dès 1863, cependant, le commerce, trouvant trop étroit le marché des farines six-marques, avait institué, à côté de celui-ci, un autre marché dit des farines type-Paris, auquel, après expertise, étaient admises toutes les farines reconnues équivalentes aux meilleurs types de Beauce et de Brie.

Maintenue sans changement jusqu'à 1868, cette situation fut, à cette époque, l'objet d'une réforme profonde. Pour répondre au développement des opérations commerciales, deux meuniers encore furent adjoints au marché, qui devint le marché des farines huit-marques, tandis qu'en même temps, et pour donner à l'établissement des qualités des farines à livrer une exactitude scientifique, la Commission des types-Paris, devenant à ce moment Commission des farines supérieures, décidait qu'à l'expertise basée sur les caractères extérieurs des produits, devait être adjointe une expertise basée sur leur panification.

Depuis, les conditions commerciales du marché des farines à livrer se sont modifiées encore : depuis quelques mois, il est devenu le marché des douze-marques. Onze meuniers, dont les farines sont mensuellement vérifiées, et dont les livraisons, d'ailleurs, doivent être ensuite conformes au type ainsi soumis à la vérification, en sont les fournisseurs attitrés, la douzième marque appartenant à tout meunier dont les produits, après expertise, sont reconnus égaux au type moyen des onze autres marques.

Sur les services que l'institution de ce marché rend au commerce des farines, nous n'avons pas à insister en ce moment : c'est sur l'organisation scientifique et technique du laboratoire-boulangerie, dont la Commission a décidé la création en 1868, c'est sur le fonctionnement de ce laboratoire que le comité des arts chimiques se propose uniquement d'appeler l'attention de la Société.

C'est à M. Lucas, actuellement encore directeur du marché des douze-marques, qu'appartient le mérite de l'avoir, et de toutes pièces, organisé avec une habileté rare ; il y a réuni des procédés d'une précision parfaite, et on l'y voit, à côté des opérations d'une boulangerie en miniature, faire appel aux méthodes scientifiques les plus délicates, pour corroborer les résultats fournis par la pratique.

Le principe sur lequel la Commission des farines supérieures a fait, en 1868, reposer les opérations du laboratoire dont elle venait de décider la création, est le principe même de la pratique de l'art du boulanger. Pour reconnaître quels sont les mérites d'une farine au point de vue de la panification, il a semblé, et avec juste raison, à cette Commission, que le meilleur procédé serait celui qui consisterait à en faire du pain.

Le problème posé par elle à M. Lucas, à qui elle confiait l'organisation de ce laboratoire, était donc le suivant : panifier les farines soumises à l'expertise dans des conditions d'identité telles que, de l'examen seul des pains obtenus, et sans avoir à se préoccuper d'aucune circonstance particulière de fabrication, il fut possible de reconnaître la qualité de ces farines.

Ce problème, M. Lucas l'a résolu de la façon la plus satisfaisante. Depuis plus de quinze ans, chaque jour, dans le remarquable établissement qu'on lui doit et que le marché des douzes-marques met à la disposition du commerce, des échantillons nombreux de farines sont panifiés, analysés lorsque l'analyse en paraît nécessaire, et les pains que ces farines ont fournis soumis à l'appréciation des experts. Les résultats constatés dans ces circonstances par une longue pratique se présentent avec un tel caractère de netteté, que toujours, à de rares exceptions près, on voit les intéressés accepter sans conteste les décisions prises à la suite de cette panification et de cette expertise.

Dans un Mémoire détaillé, soumis par lui à l'appréciation de la Société, M. Lucas a soigneusement décrit et l'installation qu'il a donnée à son laboratoire-boulangerie et les procédés qu'il y a adoptés. Cette description, tel est du moins l'avis de votre comité des arts chimiques, a sa place marquée dans les colonnes du *Bulletin* de la Société, et, pour laisser au Mémoire de M. Lucas tout son intérêt, votre rapporteur se contentera d'indiquer brièvement ici que, dans le laboratoire-boulangerie de la rue Berger, sont installés trente-deux pétrins mécaniques du système Deliry, actionnés tous à la fois par une machine à gaz, marchant à la même vitesse, recevant chacun, au même moment, un poids égal de l'une des farines à essayer, le même volume d'eau chauffée à une même température, le même poids d'un même levain, etc., fonctionnant tous, en un mot, dans des conditions absolument identiques pendant un même temps, et fournissant, par conséquent, tous des résultats absolument comparables.

Mises en couches au même moment et au même point, les pâtes fournies par cette panification (1) sont, à l'apprêt, enfournées enfin dans un four mixte dont la disposition, imaginée par M. Lucas, a été, sous sa direction, réalisée par M. Biabaud. Au milieu de ce four, à distance des pieds droits, à la température de 260 degrés, température dont un pyromètre atteste l'exactitude, les pains destinés à l'expertise sont placés côte à côte, entourés des pains qui lui sont inutiles, et maintenus dans ce four jusqu'à ce que, d'après le pyromètre, la température se soit abaissée de 110 degrés.

Les résultats obtenus dans ces conditions se présentent avec une précision réellement scientifique.

A maintes reprises, votre rapporteur a eu l'occasion d'assister à la panification et aux expertises qui la suivent, et il a toujours été frappé de l'identité des résultats fournis par des farines différentes.

Si l'on ajoute qu'aux caractères indiqués par les procédés techniques, M. Lucas a soin de joindre, toutes les fois que cette adjonction paraît utile, ceux que fournissent les méthodes scientifiques : teneur de la farine en eau, en gluten, en matières minérales, etc., la Société reconnaîtra aussitôt combien est grande l'étendue des services que rend au commerce des farines le laboratoire-boulangerie organisé par ce praticien habile et savant à la fois.

Ces services, d'ailleurs, c'est chose aisée que de les faire apprécier, en disant que, grâce à l'établissement du marché des farines douze-marques, grâce à l'adoption par ce marché des méthodes d'expertises techniques et scientifiques qu'a inaugurées M. Lucas, il n'est pas aujourd'hui de farine, livrée au grand commerce, de la pureté et de la qualité de laquelle on ne puisse répondre *a priori*.

**Aimé Girard.**

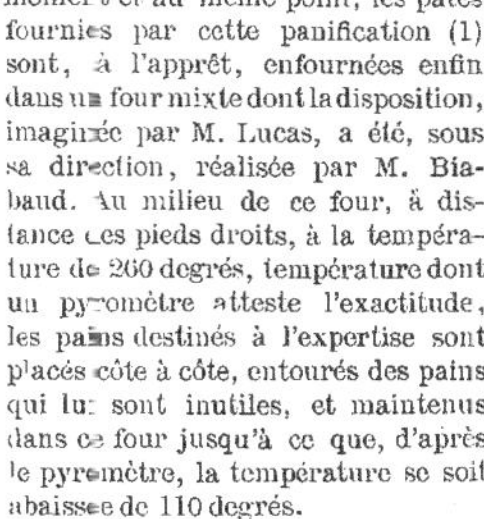

**M. LUCAS**
Directeur du Marché des farines douze marques

---

(1) Chaque pétrin panifie 2 k. 200 de la farine à essayer.

# CHAMBRE DE COMMERCE DE PARIS

## Place de la Bourse, 12

*Président de droit :* M. le Préfet de la Seine.

*Président :* M. A. POIRRIER, O. ❋;      *Secrétaire :* M. C. MARCILHACY, C. ❋;
*Vice-Président :* M. J. COMTE.      *Trésorier :* M. Charles NOEL, C. ❋.

## MEMBRES DE LA CHAMBRE :

MM. BERNARD, Martial;     MM. JARLAUD (F.);     MM. MIGNON (J.);
DEHAYNIN, Félix;     LEMOINE (H.);     OUVRÉ (André);
FOULD, Henri;     MAES (G.);     PIAULT (J.);
HAAS (J.);     MAGNIER (E.);     RODANET (A.-H.);
HIÉLARD, Léon;     MASSON (G.);     WAY (H.-A.).

*Directeur du Secrétariat :* M. A. FLEURY, C. ❋.

## Bureau ouvert tous les jours de 10 heures à 4 heures

Dans l'hôtel se trouvent :

1° L'établissement public de la *Condition des soies et des laines* et le bureau du *Titrage des soies.* — M. Jules PERSOZ, Directeur.

2° *Bibliothèque du Commerce.* — Cette bibliothèque se compose de tous les ouvrages qui intéressent le commerce et l'industrie, ainsi que d'une collection des classiques français, anglais, allemands, espagnols et italiens. Elle est ouverte au public tous les jours de la semaine, de 11 heures du matin à 5 heures du soir; elle est également ouverte dans la soirée de 7 heures 1/2 à 10 heures, depuis le 1er novembre jusqu'au 30 avril. Entrée rue *Notre-Dame-des-Victoires*, 21. — M. J. DESMAREST, conservateur.

## ÉTABLISSEMENTS PLACÉS SOUS LA DIRECTION DE LA CHAMBRE DE COMMERCE

1° *Ecole des hautes Etudes commerciales*, Boulevard Malesherbes, 108 et rue Tocqueville, 43.—M. Ed. JOURDAN, Directeur.

2° Ecole supérieure du Commerce, Rue Amelot, 102.—M. GRELLEY, Directeur.

3° *Ecole commerciale*, Avenue Trudaine, 23 *bis*.—M. A. BOUGLÉ Directeur.

4° *Manutention à la Douane centrale*, Rue de la Douane, 11. — M. DÉROUAULT, chef de service.

## HISTORIQUE

Les Chambres de Commerce, composées de négociants élus par leurs pairs, ont pour mission de représenter officiellement le commerce auprès du gouvernement, de donner des avis et des renseignements aux commerçants et aux industriels sur les choses qui les intéressent et, enfin, d'administrer certains établissements d'intérêt collectif, notamment les *Bourses de Commerce*.

C'est à ce dernier titre que nous sommes appelés à dire quelques mots sur ces fondations. Occupons-nous d'abord de leurs fonctions.

Les Chambres de Commerce qui relèvent du Ministère du Commerce, présentent aux Pouvoirs publics, soit de leur propre initiative, soit sur la demande du gouvernement, leurs idées et leurs vues sur les moyens d'accroître la prospérité commerciale et industrielle de leurs régions. A cet effet, elles donnent leur opinion sur les tarifs d'octroi et les droits de douanes à établir; sur l'exécution des travaux pouvant intéresser le commerce, tels que routes, chemins de fer, canaux, ports, etc. Elles émettent aussi des vœux sur les améliorations et les modifications à introduire dans la législation industrielle et commerciale et sont consultées, en un mot, sur tout ce qui touche de près ou de loin au commerce ou à l'industrie.

Une des fonctions des Chambres de Commerce est de nommer les membres du *Conseil général de Commerce* qui siège à Paris.

En même temps elles gèrent, ainsi qui nous l'avons dit, les Bourses de Commerce, quand il y en a une dans les villes où elles siègent, spécialement en ce qui comprend leur budget et en ce qui concerne la nomination de leurs agents. Elles administrent aussi les établissements collectifs, tels que magasins de sauvetage, docks et entrepôts, écoles commerciales et bibliothèques affectées à l'usage du commerce. Enfin, elles peuvent, suivant leurs ressources pécu-

MARCHÉ DE PARIS

# BOURSE DE COMMERCE DE PARIS

MARCHÉ DE PARIS

## Syndicat général des Grains, Graines, Farines, Huiles, Alcools, Sucres
### FACTEURS AUX HALLES CENTRALES DE PARIS

## Chambre Syndicale des Grains, Graines, Farines, Huiles, etc., etc.
### CHAMBRE SYNDICALE DES COURTIERS ASSERMENTÉS

M. MACHEREZ
Vice-Président du Syndicat général.

M. Félix GODILLOT
Président du Syndicat général de la Bourse
de commerce de Paris.

M. A. LAINEY
Vice-Président du Syndicat général.

M. E. BRABANT
Président du Syndicat du Commerce des Sucres.

M. H. WAY
Membre de la Chambre de Commerce.
Président de la Chambre Syndicale des Grains,
Graines, Farines.

M. G. CLAUDON
Président du Syndicat du Commerce
des Alcools.

M. D. LANIER
Président du Marché des Farines Douze Marques.

M. SCHWEISCH
Trésorier du Syndicat général, — Vice-Président
élu des facteurs aux Halles.

M. D. WINTER
Président de l'Association Syndicale du Marché
des Huiles.

M. BOVERAT
Secrétaire de la Chambre syndicale des Courtiers
assermentés.

M. J. BIVORT
Président des Courtiers assermentés au Tribunal
de Commerce de la Seine.

M. Ed. BOUVELET
Rapporteur du Syndicat général.

niaires, concourir à la création de grands travaux d'utilité publique, comme ports, chemins de fer, etc.

Les Chambres de Commerce ont ce grand avantage, entre autres, d'être reconnues de droit établissement d'utilité publique et jouissent, par ce fait, de la personnalité civile.

Bien qu'aucun document ne puisse émaner des Chambres sans l'autorisation de l'administration supérieure dont elles relèvent, néanmoins, elles publient souvent des statistiques, des avis, des renseignements de toutes sortes de leur propre initiative sur tout ce qui a rapport au commerce, aussi bien pour l'exportation que pour l'importation ; mais ce n'est là qu'une tolérance du gouvernement qui laisse à ces institutions la plus grande part de liberté possible.

Quant aux dépenses occasionnées par les Chambres de Commerce, elles sont couvertes au moyen d'une contribution sur les patentes de leur circonscription, en vertu des lois du 25 avril 1844 et 18 mai 1850, établie d'après des projets de budgets, dressés par elles et autorisée sur décrets spéciaux du Ministère du Commerce.

Occupons-nous maintenant du recrutement des Chambres de Commerce.

L'élection des membres qui la composent appartient aux *notables commerçants* des villes appelés à élire les juges consulaires.

L'Assemblée électorale est présidée par le Préfet du département, le Sous-Préfet de l'arrondissement ou le Maire de la commune, suivant le lieu où se trouve le siège de la Chambre. Ces fonctionnaires sont assistés des deux plus âgés et des deux plus jeunes membres présents à l'élection.

Sont éligibles : les commerçants âgés de 30 ans et exerçant leur profession depuis au moins cinq ans ; les anciens commerçants domiciliés dans la circonscription. Mais ces derniers ne doivent pas dépasser le tiers de la totalité des membres composant la Chambre.

A Paris, la Chambre de Commerce est élue par tous les électeurs consulaires du département de la Seine, au scrutin secret de liste et à la majorité absolue.

Chaque année les Chambres nomment un président, un vice-président et un secrétaire-trésorier ; quant au Préfet, au Sous-Préfet ou au Maire, ils sont membres de droit et Présidents d'honneur.

Les membres sont nommés pour six ans et renouvelables par tiers tous les deux ans ; quand l'un d'eux s'abstient d'assister aux séances pendant six mois il est considéré comme démissionnaire.

Indépendamment de leurs membres titulaires les Chambres de Commerce peuvent s'adjoindre un nombre égal de membres correspondants ayant seulement voix consultative ; ces derniers sont généralement choisis parmi les hommes spéciaux non commerçants, mais qui, par leurs connaissances ou leurs études, peuvent rendre de grands services aux assemblées où ils sont admis.

Une Chambre de Commerce est formée de 9 membres au moins et de 21 au plus, sans compter les représentants de l'autorité, suivant l'importance de la circonscription dans laquelle elle se trouve. Quant à ses relations avec l'administration elles ont lieu directement avec le ministre compétent sans aucun intermédiaire.

La création d'une Chambre de Commerce peut être demandée par tous les citoyens exerçant un négoce dans une même circonscription, mais le gouvernement n'autorise cette création qu'autant que l'intérêt et l'utilité en sont strictement justifiés, étant données les charges pécuniaires qu'entraîne l'installation d'une Chambre pour le Commerce de la région. Dans le cas de création, le Préfet, après s'être enquis auprès des pouvoirs publics de la région, (conseil général, conseil d'arrondissement, tribunaux de commerce, etc.) de la nécessité d'instituer une Chambre de Commerce, transmet tous les renseignements qu'il a recueillis au ministre qui les soumet au Conseil d'Etat, lequel décide s'il y a lieu ou non d'autoriser ladite Chambre et dans quelles conditions elle sera nommée.

Pour finir cette rapide étude sur les Chambres de Commerce, traçons-en l'histoire en quelques lignes.

C'est vers le commencement du XV$^e$ siècle qu'il est fait mention pour la première fois en France de Chambres de Commerce. A cette époque, en effet, un certain nombre de commerçants de Marseille, la vieille cité phocéenne, se réunirent à l'Hôtel-de-Ville pour s'occuper des intérêts les concernant. Mais ce n'était alors qu'une réunion accidentelle de négociants qui n'avait rien d'officiel mais qui, néanmoins, jouissait d'un certain nombre de prérogatives, notamment en matière de justice commerciale. Un siècle et demi plus tard, le 3 novembre 1650, cette Société devint une institution permanente et fut transformée en *Chambre de Commerce*.

Elle était formée de quatre personnes nommées par les représentants des commerces anciens et modernes et de « huit des principaux intéressés et capables de faire le négoce. » Cinquante ans plus tard, la ville opposée à notre premier port de mer, Dunkerque, constituait à son tour une Chambre de commerce. La première impulsion était donnée.

Le 29 juin 1700, un arrêt du Conseil d'Etat du roi ayant décidé la création d'un Conseil général de Commerce à Paris, qui subsiste encore, « lequel serait composé de six commissaires du Conseil et de douze des principaux marchands-négociants du royaume », un arrêt du 30 août 1701, créa des Chambres de Commerce à Paris, Lyon, Rouen, Bordeaux, La Rochelle, Nantes, Saint-Malo et Bayonne ; mais cet édit ne fut pas immédiatement exécuté et ce n'est que plus tard que les villes précitées furent dotées de ces importants établissements.

Dès cette époque, les Chambres servaient de trait-d'union entre le commerce, dont elles étaient les représentants directs par voie d'élection et le Gouvernement qui leur donnait leur caractère officiel en nommant un certain nombre des agents principaux du pouvoir central.

Survint la Révolution qui, voulant détruire toute trace du passé, supprima les Chambres de Commerce dans toute l'étendue du royaume. Mais en rendant le décret du 27 septembre 1791 l'Assemblée Constituante, si éclairée, n'avait certes pas eu l'intention d'abandonner le commerce ; seulement les événements si précipités qui se déroulèrent pendant cette période de notre histoire accaparèrent à un tel point les esprits que ce ne fut qu'après un arrêté du 3 nivôse, an XI, que le Conseil général du Commerce et les Chambres furent rétablis sur de nouvelles bases qui subsistèrent, bien que modifiées, jusqu'en 1832. A cette date (16 juin), une ordonnance royale, amendée elle-même par les décrets de 1848, 1851 et 1852, traça l'organisation intérieure des Chambres de Commerce, qui est restée telle, sauf quelques modifications de détail survenues plus récemment.

Terminons en disant qu'on compte aujourd'hui, en France, quarante-sept villes ayant une Chambre de Commerce.

# BOURSE DE COMMERCE DE PARIS

# COURTIERS DE MARCHANDISES ASSERMENTÉS
## AU TRIBUNAL DE COMMERCE DE LA SEINE
### (CHAMBRE SYNDICALE)

*Président :* M. J. BIVORT. — *Syndic-Rapporteur :* M. COIFFIER.
*Secrétaire :* M. BOVERAT. — *Trésorier :* M. TIRET. — *Adjoints :* MM. ORIGET ; MOUTARD (Edouard) ; PELLEREAU
*Secrétaire de la Compagnie :* M. VÉRY, à la Bourse.

Les courtiers assermentés étant à l'égard des affaires de marchandises ce que les agents de change sont pour les échanges des valeurs publiques et privées, il était tout naturel que des locaux spéciaux leur fussent réservés dans la nouvelle Bourse de Commerce.

L'origine des courtiers est très ancienne. Tous les peuples de l'antiquité ont eu besoin d'intermédiaires pour les échanges des produits de leur sol ou de leur industrie.

Les statuts d'Avignon, en 1243, et les ordonnances de Philippe le Bel, en 1312, reconnaissent l'existence légale de la corporation des courtiers.

Un règlement de police de Charles VI, en 1415, établit à Paris un nombre limité de courtiers, et défend sous peine d'amende de s'immiscer dans leurs fonctions.

En 1572, Charles IX alla plus loin et érigea les fonctions de courtiers en titres d'offices avec droit de transmission; le nombre en fut limité: huit à Paris, douze à Lyon, quatre à Rouen et Marseille. Dans la suite, le nombre des courtiers fut successivement élevé pour Paris à 60, puis ramené à 40.

Les ordonnances de Louis XIV, en mars 1673, confirmèrent les règles et privilèges des courtiers visés également plus tard, par Napoléon Ier, dans le Code de Commerce, en 1807, puis par Louis XVIII, en 1816, par Louis-Philippe en 1841 et par Napoléon III, en mai 1858.

Le monopole exclusif des courtiers, qui avait surtout sa raison d'être avant l'invention de la vapeur et de l'électricité, fut peu à peu battu en brèche, par suite des nombreux procès qu'ils eurent à soutenir avec les courtiers marrons. Cette lutte, commencée en 1830, aboutit, en 1864, à une décision du Gouvernement, lequel se rendant aux vœux du commerce, institua une Commission d'enquête chargée de recueillir les opinions des principales Chambres de Commerce.

Sur 23 Chambres de Commerce consultées, 11 se prononcèrent pour la liberté, 3 pour le *statu quo*.

A la suite de cette consultation, le Conseil d'Etat, chargé de la préparation d'un projet de loi, se prononça pour la liberté absolue.

Les membres du Corps législatif, auquel le projet de loi fut présenté, furent d'avis que la liberté absolue n'était pas dans l'intérêt du commerce et qu'il y avait lieu de conserver aux nouveaux courtiers la qualité d'officiers ministériels pour les ventes publiques et l'établissement de la cote officielle; c'est dans ce sens que la loi fut adoptée le 29 juin 1866.

Cette loi de 1866 permet à tout français justifiant de ses droits civils, présenté par cinq notables commerçants, de demander à prêter serment au Tribunal de Commerce et à être ensuite inscrit sur le tableau des courtiers.

Les courtiers inscrits soumis à une Chambre disciplinaire nommée par eux tous les ans en Assemblée générale, ont seuls le privilège des ventes publiques des marchandises et de l'établissement de la cote officielle; en dehors de cela leur situation est la même que celle du courtier libre, tous soumis à la même loi.

Voici les noms des syndics élus depuis 1802, c'est-à-dire depuis l'inauguration du palais de l'ancienne Bourse :

## Courtiers de marchandises et Courtiers d'assurances

SYNDICS ÉLUS PAR LA COMPAGNIE

| Noms. | Dates de leur exercice. |
|---|---|
| MM. Adam | 1802 |
| Vallantin | 1803-4-7-13 |
| Chavet | 1805-6 |
| Chamoy | 1808 |
| Blaisot aîné | 1809-10-11 |
| Bénard | 1812 |
| Victor Cassas | 1814-15-16-17-18 |
| Maurice Archdeacon | 1819-20-21-24-25-27-28-30 |
| Caminet | 1822-23-26-31-32-33 |
| Paulmier aîné | 1829 |
| A. Blay | 1833-4-5-6-7-8-9-40-41 |
| Ricois | 1842-43 |
| T. de Lannau | 1844 |
| Berchu | 1845-6-7-8 |
| M. Rivière | 1848-9-50-1-2-3-4-5-6-7 |
| Hauguel | 1857-58-59-60 |
| Silvestre de la Ferrière | 1861-2-3-4-5-6 |

## Présidents élus depuis la loi du 18 juillet 1886

| Noms. | Dates de leur exercice. |
|---|---|
| MM. Silvestre de la Ferrière | 1867 |
| S. Bellone | 1867-8-9-70-1-7-8-9-80-1-2-3 |
| Lainé (Napoléon) | 1870 |
| A. Pollet | 1872-73-74-75 |
| Laisné (Omer) | 1876 |
| Bourdon (Henry) | 1884-85 |
| Bivort (Jean) | 1886-87-88-89 |

Le Président actuel aura été le dernier élu à l'ancienne Bourse et aura installé ses collègues dans le nouveau Palais. L'espace que nous avons assigné à notre notice ne nous permet pas de publier la biographie des syndics et des présidents qui s'y sont succédés depuis près d'un siècle. Il nous suffira de dire que, lorsque des collègues, qui sont en même temps les concurrents de chaque jour, ont jugé un des leurs digne d'être le Président d'une Chambre chargée de pouvoirs disciplinaires, c'est que ce collègue a un passé sans tache, une probité reconnue et un avenir à l'abri de toute incertitude. Nous ajoutons que, depuis 1802, les Syndics et les Présidents ont tous justifié le choix de leurs collègues, en laissant après eux un passé commercial honorable et à l'abri de toute critique.

# CHAMBRE SYNDICALE

DES

# FACTEURS AUX HALLES CENTRALES DE PARIS

**Siége du Syndicat : Rue de la Monnaie, 17.**

*Président d'honneur :* M. A. LAMOUROUX, Conseiller municipal.
*Président :* M. V. DODÉ, ☒,
*Vice-président :* MM. Jules SCHWEISCH; — BLIX; — De BRIDIERS; — TRIOUX.
*Secrétaire général :* M. L. BERNHEIM. | *Trésorier :* M. Ch. SCELLE.
*Secrétaires des Sections :* MM. BONNAIRE; DELAUNE; L. GAUTIER; LEVÈQUES; THIROUARD.

Ce sont les facteurs à la marée qui peuvent faire remonter le plus haut l'origine de leur institution. Il en est fait mention pour la première fois, sous le nom de *jurés-vendeurs*, dans une ordonnance royale de 1254, qui en fixe le nombre à vingt, et décide qu'ils seront nommés à l'élection. Ils devaient fournir une caution de soixante livres parisis.

Sous le roi Jean, leur nombre fut réduit à seize, puis à dix.

Mais les expéditeurs étaient toujours libres de confier la vente de leurs denrées à des commissionnaires de leur choix. C'est Louis XII qui, en 1507, rendit obligatoire l'intermédiaire des jurés-vendeurs de poisson de mer, non sans résistance de la part des marchands de marée, car ce n'est qu'à 1523 qu'un arrêt du Parlement rendit exécutoires les prescriptions des lettres-patentes de 1507.

Cependant, il semble résulter d'un arrêt du Conseil du 16 mai 1645, que le ministère des jurés-vendeurs n'était pas obligatoire ; mais il est probable qu'ils effectuaient la presque totalité des ventes.

En 1543, le mode d'admission fut changé et les charges des jurés-vendeurs érigées en titres d'offices, dont les provisions étaient délivrées par le roi, ou, en son nom, par le Prévôt de Paris.

Les *mesureurs-jurés*, préposés à la vente des grains, furent institués par ordonnance du 13 janvier 1350.

Douze offices de jurés-vendeurs de bestiaux furent créés en 1392. En 1477, il n'y avait plus que trois titulaires. Ces offices furent à diverses reprises supprimés, puis rétablis, et définitivement supprimés.

Cependant, 18 factoreries furent créées en 1858 ; mais les titulaires n'opérant point aux Halles centrales, nous ne les mentionnerons que pour mémoire.

Sous l'administration de Colbert, un édit de 1673 créa 24 titres d'offices de vendeurs de volaille, gibier, œufs, beurres, fromages, cochons de lait, agneaux et chevreaux.

Ce nombre fut porté à 40 l'année suivante, et on y adjoignit le commerce du poisson de rivière. Mais les droits attribués à ces offices furent aussitôt mis en ferme. Cette création n'était en réalité qu'une ressource de plus pour le trésor royal aux abois.

Supprimés et rétablis plusieurs fois, ils furent définitivement rétablis en 1730. Les titulaires, qui n'avaient pas été remboursés, furent réintégrés dans leurs charges après 15 ans d'interruption.

En 1759, nouvelle tentative de suppression, non suivie d'effet, toujours faute de remboursement du prix des charges.

En fait, ce n'étaient, au début que des intermédiaires confirmés par l'autorité. Dates de leur constitution comme offices royaux.

Commerce du poisson. — Édit de janvier 1543.

Commerce de la volaille, du gibier, du beurre, des œufs, etc. — Édit de mars 1673.

Commerce de la marée. — Arrêt du Parlement d'avril 1776.

Commerce des grains et farines. — Ordonnance du Lieutenant-général de Police du 3 avril 1779, confirmée par arrêt du Parlement du 19 juin suivant.

Les facteurs à la vente en gros des viandes ont été institués en 1850.

Les facteurs aux fruits et légumes datent de 1855 seulement.

La Révolution, qui supprima tous les offices royaux, conserva les facteurs.

Seuls, les facteurs aux grains et farines durent suspendre leurs opérations, lorsque la loi du maximum fit de la Halle au Blé un simple magasin d'approvisionnement, où l'on déposait les grains provenant de réquisitions ; mais un arrêté du bureau central des municipalités de Paris, en date du 15 germinal an IV (1796), approuvé par le ministère de l'intérieur, les rétablit.

Le Consulat et le premier Empire ne firent guère que consacrer et réglementer l'état de chose existant, qui se perpétua, sans modifications essentielles, jusqu'en 1878.

A cette époque, un décret présidentiel, en date du 22 janvier, sans tenir compte de la situation des facteurs alors en exercice, qui, à leur entrée en fonction, avaient payé à leurs cessionnaires le droit d'exploiter un privilège, jusqu'alors incontesté, et que ceux-ci avaient payé à leurs devanciers, institua la liberté du Factorat, ouvrant à tous le droit de vendre en gros, sous certaines conditions.

Voici les principales dispositions de ce décret :

Nul ne peut être facteur s'il n'est Français, majeur de 25 ans, s'il ne jouit de la plénitude de ses droits civils et politiques, s'il est failli non réhabilité, ayant fait abandon de biens ou atermoiement sans s'être intégralement libéré.

Il doit en outre justifier de sa moralité par un certificat du maire de sa résidence, de sa capacité professionnelle, par une attestation de cinq commerçants de la place, faisant partie de la liste des électeurs consulaires de Paris, et verser à la caisse de la Ville un cautionnement de 10,000 fr.

Tout facteur admis prête serment devant le Tribunal de Commerce de remplir avec honneur et probité les devoirs de sa profession.

Actuellement, la vente en gros des denrées alimentaires aux Halles Centrales de Paris est pratiquée par 176 facteurs, opérant dans 112 factoreries, et se répartissant comme il suit :

| Pavillons | Facteurs | Factoreries |
| --- | --- | --- |
| 3 et 5. Viandes et abats | 33 | 21 |
| 4. Volaille et gibier | 45 | 27 |
| 6. Fruits et légumes | 1 | 2 |
| 9. Marée et eau douce | 53 | 38 |
| 10. Beurres et œufs | 28 | 15 |
| 12. Fromages | 8 | 4 |
| Huîtres | 1 | 1 |
| Grains et farines | 4 | 4 |
| Totaux | 176 | 112 |

La discipline des facteurs appartient : 1° Au Préfet de la Seine, pour ce qui a trait aux perceptions municipales ; 2° Au Préfet de police pour ce qui concerne la loyauté des transactions, la salubrité et le bon ordre du marché.

Les peines disciplinaires sont : l'avertissement, la suspension, la radiation définitive.

# SYNDICAT GÉNÉRAL

DES

## Grains, Graines, Farines, Huiles, Sucres et Alcools

A LA

## BOURSE DE COMMERCE DE PARIS

### COMITÉ DU SYNDICAT GÉNÉRAL :

*Président :* M. Félix Godillot.

*Vice-Présidents :* MM. Macherez ; A. Lainey.

*Trésorier :* M. Jules Schweisch.

*Rapporteur :* M. Édouard Bouvelet.

### MEMBRES :

MM. J. Bivort ; Boverat ; E. Brabant ; G. Claudon : P. Delaunay ; E. Garcelon : Lamour ; D. Lanier : Michelin-Vernier ; L. Pecquart : Regnault-Desroziers ; Eug. Waller ; H. A. Way ; D. Winter.

*Secrétaire du Syndicat général :* S. Bertin.

## RÈGLEMENT

Article premier. — Les locaux du Syndicat général sont ouverts à huit heures en toute saison et fermés à 7 heures.

Les dimanches et jours de fêtes, la fermeture aura lieu à dix heures.

Art. 2. — Toute personne admise sera tenue de se retirer, aussitôt que l'invitation lui en sera faite, après l'heure de la fermeture.

Art. 3. — Il est interdit : 1° d'introduire des femmes et des mineurs : 2° de fumer dans le salon de lecture : 3° d'emporter, hors du salon de lecture, les journaux, publications, livres ou brochures : 4° d'apposer aucune affiche, de distribuer aucun journal, aucun écrit, sans l'autorisation du Comité.

Art. 4. — Toute demande d'entrée faite par une personne non adhérente à un Syndicat particulier doit être adressée au Président du Comité et appuyée par trois adhérents à l'un des Syndicats particuliers. Elle doit être accompagnée de la somme de 120 francs fixée pour le droit d'entrée.

Le candidat refusé ne peut être présenté de nouveau qu'après un délais de trois mois.

Art. 5. — Toute personne qui, après avoir donné sa démission, voudra de nouveau jouir du droit d'entrée devra se conformer aux formalités qui précèdent.

Art. 6. — La redevance annuelle pour droit d'entrée est payable en une seule fois et d'avance au secrétariat du Syndicat général.

Elle part du 1er janvier ou du 1er juillet, suivant que la demande est datée du 1er novembre ou du 1er mai qui précède ces dates.

Les démissions doivent être données un mois avant l'expiration de l'année, faute de quoi la redevance est due pour l'année suivante.

Art. 7. — Toute personne admise sera pourvue d'une carte d'entrée qui sera personnelle.

Art. 8. — Toute personne n'habitant pas le département de la Seine peut, sur la simple présentation d'un adhérent, et moyennant un versement de 20 francs pour un mois, être admise à titre temporaire.

Une carte spéciale lui sera délivrée.

Art. 9. — Des visiteurs étrangers peuvent être présentés.

Le nom de la personne présentée, ainsi que celui de son introducteur, seront inscrits sur un registre *ad hoc*, qui sera signé par ce dernier.

Ce registre sera déposé au Secrétariat et communiqué sur demande.

Cette formalité remplie, le visiteur sera admis à fréquenter librement le local pour une période de huit jours consécutifs.

Le visiteur ne pourra être présenté plus de trois fois, dans le courant de la même année, quel que soit le nombre des présentateurs.

Art. 10. — Le Comité pourra refuser l'entrée du local à toute personne admise soit à titre temporaire, soit à titre de visiteur, sur une plainte motivée et reconnue fondée.

Art. 11. — En cas d'infraction grave aux Statuts et aux lois de l'honneur, ou d'un fait public entraînant la déconsidération, le Comité pourra provoquer la démission de la personne incriminée et même prononcer son exclusion.

En cas d'infraction simple aux Statuts ou de manque aux convenances, le Comité pourra citer devant lui la personne intéressée et lui adresser un blâme qui pourra être inséré au procès-verbal.

En un mot, l'action du Comité ne saurait être nulle part limitée du moment qu'il s'agit de l'intérêt et de la dignité du Syndicat général.

Art. 12. — Toute réunion pour objet politique, ainsi que toute discussion politique ou religieuse, sont interdites.

Art. 13. — Toute conversation bruyante est interdite dans les salons de lecture et de correspondance, ainsi que dans la salle des téléphones.

Art. 14. — La surveillance et la police des locaux est confiée au secrétariat du Syndicat général, qui est chargé de faire observer le présent règlement dans toutes ses dispositions.

# BOURSE DE COMMERCE

# LE MARCHÉ DE PARIS

On désigne sous le titre général de *Marché de Paris*, l'organisation des divers Marchés qui comprennent les principaux produits traités à la Bourse de Commerce.

Chacun de ces Marchés a une règlementation spéciale, sous forme de statuts, dont l'exécution est confiée à une Commission composée de plusieurs membres, parmi lesquels sont choisis les Président, Vice-Présidents, Trésorier et Secrétaire ou Rapporteur.

Voici la composition de ces Marchés.

## MARCHÉ DES FARINES DOUZE MARQUES
### (ASSOCIATION SYNDICALE)

*Président :* D. LANIER ;

*Vice-Président-Trésorier :* GARCELON ;

*Rapporteur :* L. LEDUC ;

*Directeur :* C. LUCAS ;

*Membres :* Ed. BOUVELET ;
— Louis SAMUEL ;
— Jules SCHWEISCH ;
— Ch. VAURY ;
— Eug. WALLER.

## MARCHÉ DES BLÉS, SEIGLES ET AVOINES
### (ASSOCIATION SYNDICALE)

*Président :* A. LAINEY ;
*Vice-Président-Trésorier :* L. LEDUC ;
*Secrétaire :* F. THIBOULT ;
*Membre :* D. LANIER ;
*Directeur :* C. LUCAS ;

*Membres :* L. PECQUART ;
— A. HÉRICOURT ;
— L. LAMBERT ;
— P. DELAUNAY ;
— CH. VAURY.

## MARCHÉ DES HUILES
### (ASSOCIATION SYNDICALE)

*Président :* David WINTER ;
*Vice-Président :* E. DEUTSCH ;
*Rapporteur-Trésorier :* Ed. BOUVELET ;
*Membres :* P. BOYARD ; J. LACARNOY ;

*Membres :* A. LAMOUR ;
— A. LIBERSALLE ;
— D. POTIER ;
— REYNAUDIN.

## COMMERCE DES ALCOOLS
### (ASSOCIATION SYNDICALE)

*Président :* G. CLAUDON ;

*Vice-Président :* MICHELIN-VERNIER ;

*Secrétaire :* Ed. BOUVELET ;

*Membre :* Camille BLOCH ;

*Membres :* BOVERAT ;
— G. DEBAYSER ;
— Camille LEFEBVRE ;
— J. LACAUSSADE ;
— PITOU père.

## COMMERCE DES SUCRES
### (ASSOCIATION SYNDICALE)

*Président :* E. BRABANT ;

*Vice-Président :* MACHEREZ ;

*Rapporteur-Trésorier :* J. BIVORT ;

*Membres :* BOIRE ; Ed. BOUVELET ;

*Membres :* G. DEBAYSER ;
— GOFFARD ;
— Camille LEFEBVRE ;
— DE LESPARDA ;
— Eug. WALLER

## CHAMBRE SYNDICALE DES GRAINS, GRAINES, FARINES ET HUILES

*Président :* H. A. WAY ;

*Vice-Présidents :* GATELLIER. LEFÈVRE. REGNAULT-DESROZIERS ;

*Trésorier :* David WINTER ;

*Membres :* A. BERTIN ; Eug. BLOCH ; Paul BOYARD ; CHARPENTIER ; DELAUNAY ; DESPLANQUES ; FORGEOT ; GONTHIER ; GRANDIN ; HALOUZE-MOUSSY ; D. LANIER ; Léon LEDUC ; LOIR ; MAROTTE, PECQUART ; RENOULT ; J. SCHWEISCH ; TRANQUEY ; Ch. VAURY ; Eug. WALTER.

# QUARTIER DES HALLES

## DES POSTES

ET DE

# LA BOURSE DE COMMERCE

# QUARTIER DES HALLES & DE LA BOURSE DE COMMERCE

Nous commençons la description du quartier qui nous occupe ici par quelques détails sur les transformations successives de l'emplacement où s'élève la Bourse de Commerce, et nous consacrerons plus loin un chapitre spécial à ce monument.

Le percement de la rue du *Louvre*, qui longe le nouvel édifice, a profondément changé l'aspect de cet emplacement. En effet, une grande partie du côté droit de la rue Jean-Jacques Rousseau, les rues Mercier et Sartine, toutes entières, et de nombreuses maisons dépendant des rues Coq-Héron, Coqui lière, de Viarmes, des Deux-Ecus et d'Orléans ont été abattues.

Les immeubles qui font face à la Bourse de Commerce sont comptés parmi ceux de la rue Jean-Jacques Rousseau, autrefois dénommée, dans cette partie de son cours, rue de Grenelle-Saint-Honoré. Ce n'était qu'un simple chemin longeant la muraille de la ville à l'époque de Philippe-Auguste; peu à peu il se couvrit d'habitations, si bien qu'à la fin du XIIIᵉ siècle,

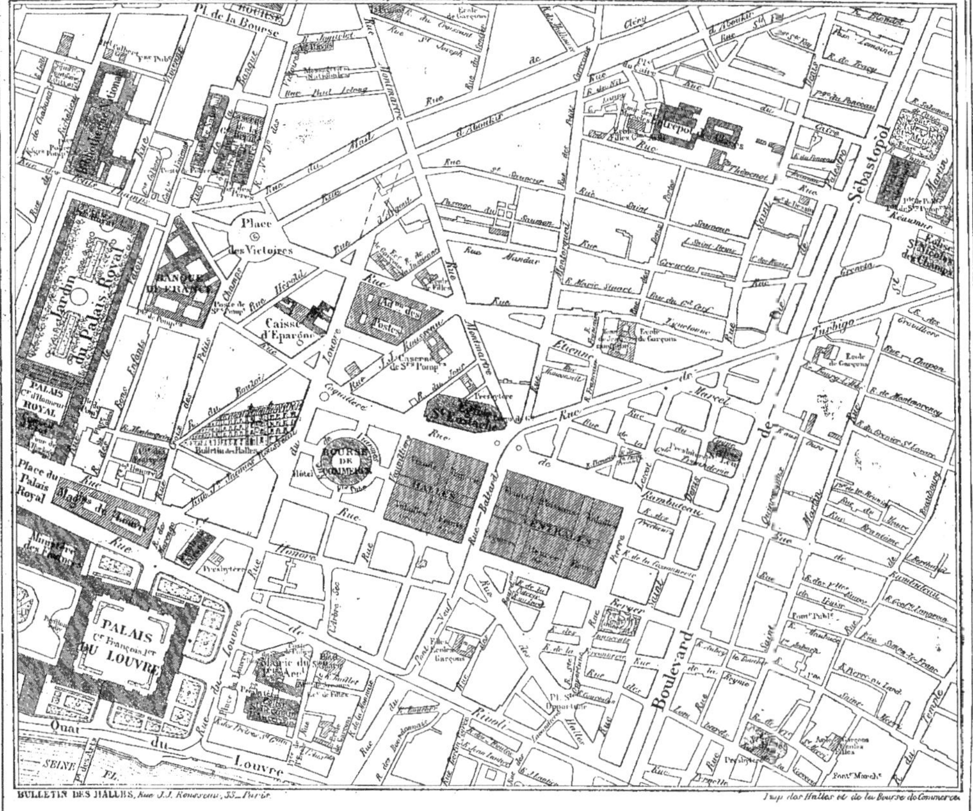



CARTE DU QUARTIER DES HALLES CENTRALES ET DE LA BOURSE DE COMMERCE

il était complètement bâti. On l'appela alors rue de Guarnales, du nom d'un de ses principaux habitants, dont on fit plus tard Grenelle. Bien que restaurées, un grand nombre de ses maisons sont fort vieilles. Nous citerons celle portant le numéro 33, aujourd'hui occupée par les bureaux et les ateliers du journal *Le Bulletin des Halles*; dans cette maison mourut, en 1572, Jeanne d'Albret, mère de Henri IV, empoisonnée, dit-on. Le chancelier Séguier l'habita et y réunit souvent les membres de l'Académie des

sciences. L'administration du *Bulletin des Halles*, tout en appropriant l'immeuble à ses besoins, a su lui conserver son caractère architectural.

Au numéro 27 se trouve, au fond d'une cour, qui n'a rien d'une habitation riche, un ancien hôtel où existent plusieurs appartements ornés de sculptures et de décorations remarquables qui méritent d'être conservés. On pense que c'était là une ancienne habitation des ducs de Bourgogne; on croit aussi que Bourti a habité cette maison.

Le rue de *Viarmes*, qui contourne la Bourse de Commerce, fut percée lors de la construction de l'ancienne Halle au blé, sur l'emplacement de l'hôtel de Soissons; il en est de même de la rue des *Deux-Ecus*, que nous trouvons à droite et à gauche en suivant la rue du Louvre; elle fut diminuée d'un bon tiers à la suite des travaux récents exécutés dans le quartier. Si l'ancienneté pouvait être un titre de respect pour la pioche des démolisseurs, la partie gauche de cette rue aurait dû être épargnée, car elle était déjà connue au XIII' siècle; en ce qui concerne le tronçon qui afflue à la rue Jean-Jacques Rousseau, il ne fut percé qu'au XVI' siècle, sur des terrains dépendant du couvent des Filles-Pénitentes.

Et la rue d'*Orléans*, qui a vu un de ses côtés disparaître entièrement et que les nouveaux travaux ont transformé en cul-de-sac! Celle-là aussi remontait au XIII' siècle, et quelques-unes de ses maisons sont restées pour regretter leurs vis-à-vis.

Après avoir traversé la rue *Saint-Honoré*, qui n'a pas été non plus sans souffrir de la grande trouée, nous arriverons dans la première partie de la rue du *Louvre*. Celle-ci est beaucoup moins récente que l'autre, et même sa rive gauche est très ancienne, puisqu'elle date du XIII' siècle. C'était alors la rue des *Poulies*, nom qu'elle tint d'un jeu en usage aux XIV' et XV' siècles et qu'elle conserva, du reste, jusque sous le second empire, époque à laquelle elle fut considérablement élargie et raccourcie en même temps par suite du percement de la rue de *Rivoli*, à laquelle nous arrivons. Cette large voie, qui jeta la perturbation dans toutes les rues séculaires qu'elle traversa, soit en motivant leur élargissement, soit en les privant de leurs maisons, fut ouverte (du moins dans cette partie), en vertu d'un décret de 1852 pour faire suite au premier tronçon percé sous le premier empire (1805).

Avant de la traverser pour gagner la place du Louvre, suivons-la un instant à droite pour aller voir le beau monument élevé le 17 juillet 1889 à la mémoire de l'amiral Coligny, une des plus illustres victimes de la St-Barthélemy. Situé dans le petit jardinet

qui entoure le temple de l'Oratoire, ancienne église des Oratoriens, construite par Métizeau et Lemercier au XVII' siècle et affectée au culte protestant en 1811, ce monument, dû à M. Crauck pour la statuaire et à M. Sellier pour l'architecture, se compose de trois statues en marbre blanc : *Coligny* entre la *Religion* et la *Patrie*.

Revenons sur nos pas et nous atteindrons la *Place du Louvre*.

Là, à côté de la mairie du premier arrondissement, se dresse la vieille église *Saint-Germain-l'Auxerrois*, remontant au VI' siècle, alors qu'elle était la chapelle du cloître du même nom qui occupait tout le terrain environnant. Agrandie dans la suite, elle est un spécimen de l'architecture des XV' et XVI' siècles. Saint-Germain-l'Auxerrois est inséparable du massacre de la Saint-Barthélemy; sa grosse cloche en donna le signal dans la nuit du 24 août 1572. Parmi les victimes de cette mesure sanguinaire se trouva le grand Coligny, dont on voit la statue rue de Rivoli.

La rue des *Prêtres Saint-Germain-l'Auxerrois* a conservé dans une de ses extrémités son aspect d'autrefois, et nous y trouvons depuis plus d'un siècle une des feuilles politiques les plus connues, le *Journal des Débats*, qui a célébré dernièrement son centenaire.

La *rue Perrault*, qui occupe l'emplacement du mur d'enceinte de Paris au XII' siècle, a été complètement transformée, de même d'ailleurs que la place elle-même qui, avant le second empire, était couverte de maisons.

En face, nous voyons la belle *colonnade du Louvre*, due à Claude Perrault, qui, de médecin devint architecte : elle fut édifiée de 1666 à 1670. Pénétrons par le guichet qui s'y ouvre jusque dans la cour du Louvre pour aller voir le plus beau Palais de Paris, le *Louvre*. La chronique rapporte qu'à l'époque où Paris ne te-

nait encore que dans l'île de la Cité, le roi Dagobert fit bâtir sur la rive droite de la Seine un rendez-vous de chasse à l'endroit où s'élève le palais du Louvre, dont le nom viendrait du mot *lupara* : *louveterie*. Plus tard, Philippe-Auguste fit construire un château-fort muni de quatre tours dont la plus grosse, du côté de la Seine, servait de prison : c'était la grosse tour du Louvre. C'est le plan de cette forteresse que représente le tracé formé par les petites pierres blanches et noires que nous voyons sur l'aire de la cour. Le Louvre était situé en dehors de Paris à qui il servait de citadelle. Sous Charles V et ses successeurs, le Louvre fut compris dans l'enceinte de la ville et considérablement augmenté Ce roi y réunit les volumes formant la bibliothèque royale, créant ainsi ce qui devait être plus tard la bibliothèque nationale. François I', après avoir ordonné de dispendieuses réparations au vieux manoir, pour y recevoir Charles-Quint, fit abattre une partie des anciennes constructions et rebâtir le Louvre sur de nouveaux plans.

En 1540, Pierre Lescot commença les travaux qui furent continués sous Henri II et ses successeurs, avec le concours de Jean Goujon et Paul-Ponce Trébatti, spécialement chargés de l'ornementation sculpturale. A cette époque, le corps de bâtiment qui s'étend du pavillon de l'Horloge jusqu'à la rivière était achevé, ainsi qu'une partie de la façade méridionale. Sous Louis XIII, Jacques Lemercier démolit ce qui restait de l'ancienne forteresse et traça un nouveau plan d'ensemble du Palais : c'est sensiblement celui qui fut réalisé depuis. Cet architecte construisit, à côté de l'aile primitive et, comme pendant à la première, l'aile droite du pavillon et aussi une partie de la façade septentrionale. En 1600, Louis XIV fit continuer les travaux par Levau et d'Orbay. Le côté nord fut achevé ainsi que le côté sud, et les fondements de la façade orientale furent jetés. Claude Perrault la termina par la belle colonnade que nous venons de voir. L'ensemble était donc exécuté ; mais il restait encore beaucoup à faire. Sous Louis XV, Gabriel continua la façade méridionale et retoucha les trois autres côtés dans les étages supérieurs. Les travaux, longtemps interrompus, ne furent repris qu'en 1803 par Percier et Fontaine, qui terminèrent les décorations commencées, et travaillèrent au Louvre jusqu'en 1812. Ce Palais, longtemps habité par les rois de France, qui employèrent à sa décoration le talent des peintres et des sculpteurs de leur époque, est aujourd'hui occupé par un musée comprenant la sculpture et la peinture. C'est une des gloires et des richesses de notre pays.

Nous ne nous arrêterons pas à détailler les beautés sculpturales et architecturales de ce monument et, sortant par le guichet du pavillon Sully, nous arrivons au square du *Louvre* et, un peu plus bas, à la place du *Carrousel*, qui doit son nom à une fête militaire donnée par Louis XIV au mois de juin 1662, en l'honneur de la Reine-mère et de Marie-Thérèse. Cet emplacement était jadis traversé par le mur d'enceinte élevé sous Charles V ; quant on eut reconstruit le Louvre et commencé les Tuileries, il resta un terrain vague entre les deux Palais ; mais, en 1660, Mlle de Montpensier, qui habitait alors les Tuileries, y fit tracer un jardin qui subsista, jusqu'en 1665, époque à laquelle la place fut formée. A l'ouest, se trouve l'*Arc de Triomphe du Carrousel*, commencé en 1806, sous la direction des architectes Percier et Fontaine ; il est orné de bas-reliefs représentant des épisodes du règne de l'Empereur et surmonté d'un groupe de Bozio, symbolisant la Restauration. Au nord, s'élève le pavillon de Rohan, restauré lors de la construction du nouveau Louvre et surmonté d'un élégant beffroi ; au midi, les pavillons de La Trémouille et de Lesdiguières, datant de la même époque, sont couronnés de deux campaniles et réunis par une galerie sous laquelle de larges guichets cintrés ont été percés pour servir de débouché au pont des Saints-Pères et relier la rive gauche à la rue de Rivoli. A l'Est se dresse le nouveau Louvre, c'est-à-dire l'ensemble des constructions qui réunissent le Louvre à ce qui reste des Tuileries, Palais bâti par Catherine de Médicis et incendié en 1871.

Depuis Henri IV on avait agité le projet de joindre les deux Palais, mais on l'avait abandonné en ce qui regardait le côté nord. Beaucoup plus tard, en 1805, Napoléon Ier le reprit et fit élever la galerie qui longe la rue de Rivoli, du pavillon de Marsan jusqu'à la rue de Rohan. Ce fut Napoléon III qui mit à exécution la décision prise par le Gouvernement provisoire de 1848 de réunir les deux demeures royales. Le 12 mars 1852 les travaux furent décidés et, au mois de juillet suivant, on les commença sous la direction de l'architecte Visconti, puis, après, sa mort sous celle de Lefuel. Cinq ans plus tard, six beaux pavillons, reliés entre eux par de magnifiques galeries à arcades, faisaient suite aux ailes

méridionales et septentrionales du Louvre et réunissaient ce dernier monument au Palais de Catherine de Médicis. On obtint ainsi un immense rectangle, dont un côté (celui de la rue de Rivoli), renferme les pavillons Turgot, Richelieu et Colbert, et l'autre (côté du bord de l'eau), ceux de Mollien, Denou et Daru ; au fond se trouve la partie occidentale du vieux Louvre et, à l'opposé, la place du Carrousel et le *nouveau* jardin des Tuileries, œuvre de M. Guillaume, dessiné sur l'emplacement occupé jadis par le Palais.

—◆◆—

Enfin, une dernière décoration embellit cette place du Carrousel : c'est le monument élevé, le 13 juillet 1888, à la mémoire de Gambetta, l'éloquent tribun et le grand patriote. Ce beau groupe est dû à M. Aubé, pour la sculpture, et à M. Boileau fils pour l'architecture. Au sommet, une jeune fille, symbolisant la *Démocratie triomphante*, tient d'une main des foudres et, de l'autre, la Déclaration des droits de l'homme. Au pied,

Gambetta entraîne la *Défense nationale* ; de chaque côté, la *Vérité* et la *Force*.

Avant l'édification du nouveau Louvre, l'aspect de cet emplacement était tout autre que celui qu'il offre actuellement. Indépendamment de la place du Carrousel, beaucoup plus petite qu'aujourd'hui et bordée de maisons vieilles de plusieurs siècles, définitivement disparues en 1849, des rues étroites et sombres couvraient le sol où on éleva plus tard les pavillons dont nous avons parlé et les deux jardins qui forment maintenant le square du Louvre.

C'était d'abord la rue des Orties du Louvre qui n'était, sans doute, pas très fréquentée, puisqu'elle prit ce nom des plantes sauvages qui y poussaient, remplacée par les pavillons du côté du bord de l'eau.

Une autre rue, celle de Saint-Thomas, perpendiculaire à la précédente, aboutissait à la rue Saint-Honoré ; le square du Louvre occupe en partie son emplacement. Devant le pavillon Sully s'étendait la petite place du Musée, réunie à celle du Palais-Royal par la rue du même nom, jadis Froidmanteau. Ces quatre voies, datant du XIIIe siècle, étaient habitées par des artisans de toute sorte et conservaient l'empreinte de leur antique origine, manquant d'air, de soleil et d'hygiène. Elles disparurent en 1849-52, pour permettre l'exécution du nouveau Louvre.

Nous avons été amené à parler de la place du Palais-Royal ; allons-y en prenant le guichet du pavillon de Rohan et la rue de Rivoli, dont toutes les maisons ont été construites sur un même plan, quant à l'extérieur, en vertu d'un décret de 1852.

Cette place est située entre le Louvre et le Palais-Royal, d'une part, et entre l'hôtel et les grands Magasins du Louvre, d'autre part.

Elle ne revêt son aspect actuel que depuis 1854. Auparavant, elle offrait un tout autre tableau. Le Palais-Royal n'était séparé de son vis-à-vis, l'hôtel de Sillery, que par la rue Saint-Honoré. Le roi étant venu habiter le Palais-Cardinal en 1643, l'hôtel de Sillery fut abattu, et, en 1719, le duc d'Orléans fit élargir la place ainsi formée et y fit élever un château d'eau, qui ne disparut qu'en 1854. Trois rues traversaient la place qui nous occupe et réunissaient la rue Saint-Honoré à l'ancienne place du Carrousel. La rue Saint-Nicaise, alignée sur l'emplacement des anciennes fortifications de Charles V, tirait son nom de l'église du même nom, datant du XI⁰ siècle et servant de chapelle à l'hospice des Quinze-Vingts, fondé en cet endroit par Saint-Louis ; c'est dans cette rue que le premier consul Bonaparte faillit être victime de la machine infernale dirigée contre lui, en 1800 ; la rue Saint-Thomas du Louvre, dont nous venons de parler, dans laquelle s'élevaient l'église qui lui donna son nom, dès le XIII⁰ siècle, l'hôtel de Longueville, rendez-vous des frondeurs sous Louis XIV, et l'hôtel de Rambouillet, si célèbre à cause des hommes de lettres qui s'y réunissaient au XVII⁰ siècle ; enfin, la rue Froidmanteau qui se trouve remplacée par la façade des Magasins du Louvre.

Nous retrouverons ici la rue *Saint-Honoré*, mais totalement transformée depuis 1854. De belles maisons remplacent celles qui la bordaient autrefois, du moins, sur une de ses rives, car le côté droit est resté comme au siècle précédent. Un peu après la rue des *Bons-Enfants*, remontant au XII⁰ siècle, mais complètement rebâtie au XVII⁰ siècle, se trouve le *cloître Saint-Honoré*, dont plusieurs des maisons, notamment celles en bordure sur la rue Saint-Honoré, remontent, pour le moins, au XVI⁰ siècle.

Longeant le Palais-Royal, à droite, débouche la rue de *Valois*, qui n'a pas l'ancienne origine de sa voisine. Elle ne fut ouverte, en effet, qu'en 1784, sur une partie de l'emplacement du jardin du Palais-Royal. Son nom lui vient du duc de Valois, fils du duc d'Orléans, qui devint plus tard roi des Français. Au coin de la rue et de la place se trouve une plaque qui nous rappelle que là se trouvait la première salle qui servit de théâtre français. Du reste, nous aurons occasion d'en reparler en faisant l'histoire du Palais-Royal.

Au n⁰ 10 de la rue de Valois se trouve un des plus curieux hôtels de Paris. Bâti par le cardinal de Richelieu pour l'abbé Métel de Bois-Robert, un des fondateurs de l'Académie française, cet hôtel vit les premières séances de la docte société. Plus tard le célèbre abbé Dubois, précepteur du futur régent, l'habita, et alors que d'intrigues se déroulèrent dans cette maison ! A la mort du cardinal Dubois, le comte d'Argenson devint propriétaire de l'hôtel et y installa les sceaux du duc d'Orléans dont il était garde ; on peut encore voir à son frontispice le nom de *Chancellerie d'Orléans*. Cette maison, qui avait et a encore, d'ailleurs, une entrée au numéro 19 de la rue des Bons-Enfants, communiquait avec le jardin du Palais-Royal, et cet état de choses ne cessa que lors de la construction des galeries du Palais. En 1792, cet hôtel fut habité par le célèbre traiteur Mérot, qui eut comme clients Bonaparte, Barras, Tallien et d'autres personnages politiques. On retrouve dans cet immeuble, où le

*Constitutionnel* d'autrefois eut longtemps ses bureaux, de jolies décorations dues à Lebrun, Coypel et Durameau.

Le cardinal de Richelieu, s'étant rendu acquéreur des hôtels de Rambouillet et d'Armagnac, les fit démolir et, en 1629, chargea l'architecte Lemercier de lui construire une habitation sur leur emplacement. La nouvelle demeure, donnant sur la rue St-Honoré, se trouvait renfermée dans l'enceinte de Charles V qui lui était voisine ; mais elle ne convint bientôt plus à la puissance du ministre de Louis XIII qui fit abattre la muraille du XIV⁰ siècle, combler le fossé qui l'entourait et augmenter son hôtel. Ainsi naquit le Palais-Cardinal. Le jardin conserva son aspect de parc avec ses irrégularités de terrain et ses grands arbres : il contenait un mail, deux mares et un manège. Le Palais-Cardinal était une habitation dans laquelle Richelieu avait réuni toutes les richesses de l'époque en peintures et en décorations ; une magnifique chapelle, dont les ornements étaient en or massif, des collections de tableaux de tous les maîtres et d'antiquités, une belle bibliothèque composée de volumes rares formaient les richesses de cette demeure princière. Dans une galerie située à l'aile droite du Palais, les peintres P. de Champagne et d'Egmont avaient représenté les grandes actions du cardinal et les hommes illustres de France ; à gauche (au coin de la rue de Valois actuelle) une énorme salle de spectacle avait été construite pour servir de distraction au ministre qui y faisait représenter ses œuvres littéraires en même temps que les pièces de Corneille. Le 4 décembre 1642 le cardinal mourut dans son Palais qu'il légua à Louis XIII. A la mort de ce roi, Anne d'Autriche vint l'habiter avec ses deux fils, encore enfants, Louis XIV et le duc d'Orléans. Après avoir appartenu à Henriette d'Angleterre, veuve de Charles I⁰ʳ, le Palais devint, par dotation, propriété apanagée du frère du roi, père du Régent, sous Louis XV. Celui-ci fit du jardin notablement transformé la promenade ordinaire de la bonne compagnie, en même temps qu'il menait dans le Palais une vie des plus dissolues avec des roués et des maîtresses. En 1780, son fils, plus tard Philippe-Egalité, hérita du domaine et y fit élever à l'ouest, à l'est et au nord, des portiques surmontés le bâtiments destinés à être divisés en appartements et en boutiques : ce sont les galeries d'aujourd'hui. En même temps (1784) il isola son Palais en faisant ouvrir sur l'emplacement de la belle galerie qu'avait bâtie Richelieu et de la salle de spectacle, les rues de Montpensier et de Valois et au nord la rue de Beaujolais, pendant que le beau jardin du Régent était mutilé et planté à peu près comme on le voit aujourd'hui. Vers cette époque (1783) fut construit par Louis, l'architecte des galeries, le théâtre Beaujolais, devenu depuis théâtre du Palais-Royal. Des cafés et des restaurants célèbres à l'époque s'établirent dans les boutiques des maisons construites par le duc d'Orléans. Des établissements de jeux, des théâtres, des musées, tous lieux de plaisirs, se donnèrent rendez-vous dans cet ensemble de bâtiments et y attirèrent toute la société joyeuse du moment. Pendant la Révolution, le Palais-Royal changea de nom, devint propriété nationale et s'appela *Palais-Egalité*. Sous le premier empire, il devint le Palais du Tribunal, qui y fut installé dans une salle spéciale, disparue en 1827, en même temps que la Bourse et le Tribunal de commerce. La Restauration le rendit au duc d'Orléans, plus tard Louis-Philippe, roi de France, qui le donna à la nation en montant sur le trône, après avoir fait construire la belle *galerie d'Orléans* à la place de celle qui s'y trouvait auparavant bâtie en bois et occupée par des modistes et des libraires. La Révolution de 1848 en fit le Palais-National ; mais le second empire lui rendit son appellation première de Palais-Royal et il devint la résidence du prince Napoléon. Aujourd'hui, après avoir été incendié en 1871, puis restauré, il est devenu Palais-National et sert de siège au *Conseil d'Etat* et à la *Cour des Comptes*.

Maintenant que nous connaissons l'histoire du Palais-Royal, faisons-en la monographie. C'est une belle construction quadrangulaire dont les quatre côtés viennent s'aligner sur une cour carrée. La façade se compose d'une galerie supportée par des colonnes doriques et de deux pavillons à un étage ornés aussi de colonnes doriques et ioniques. Ils sont surmontés de beaux frontons sculptés par Pajou, représentant, l'un, *la Justice* et *la Force*, l'autre, *la Prudence* et *la Libéralité*. Les armes de la famille d'Orléans et différents attributs terminent la décoration. Pénétrons dans la cour carrée, traversons le beau péristyle situé sous le bâtiment central, et après avoir passé par une seconde cour intérieure, construite par Moreau en 1764, et sous laquelle se trouvent installées les machines alimentant les lampes électriques système Edison, qui éclairent le jardin, le Théâtre-Français et celui du Palais-Royal, faisons le tour des galeries et des jardins que nous verrons à droite et à gauche. Autour des galeries se sont installés les grands joailliers et les riches marchands d'articles de Paris ; à l'extrémité du jardin, au nord, se trouvait encore, il y a quelques mois, le café de la Rotonde, célèbre à la fin du siècle précédent et au commencement de celui-ci, où allaient souvent Diderot, d'Alembert, Voltaire, J.-J. Rousseau et tous les hauts esprits qui ont illustré le XVIIIe siècle. Le jardin, fréquenté par la bonne société du temps, fut le point de départ de la foule qui s'empara de la Bastille le 14 juillet 1789. Il fut pendant la Révolution un lieu de réunion où on causait des affaires du jour avec plus ou moins d'effervescence. Aujourd'hui la population est beaucoup plus calme : elle se compose de promeneurs inoffensifs et d'enfants venant y prendre leurs ébats à l'ombre des vieux tilleuls qui ornent ce magnifique jardin.

Plusieurs belles statues, qui se trouvent dans les coquets parterres du milieu, méritent d'être remarquées ; ce sont : un *Jeune homme se mettant au bain*, par Espercieux, un *Enfant jouant avec une chèvre*, par Lemaire, et une copie de l'*Apollon de Belvédère*, situés dans le parterre nord ; sur la pelouse du sud, on voit : un *Ulysse*, de Bra, une *Nymphe blessée par un serpent*, par Nanteuil, et une *Diane à la biche*. Notons aussi comme curiosité un petit canon sur lequel viennent se concentrer les rayons du soleil et qui part à midi juste, lorsque toutefois le temps le permet.

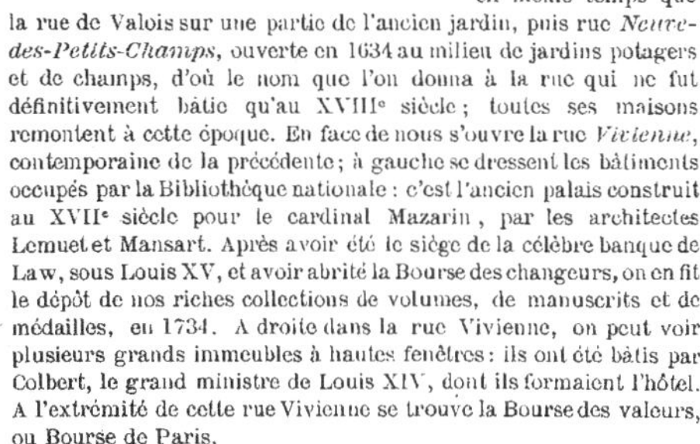

Si après avoir fait le tour du jardin nous prenons le passage qui se trouve dans la galerie septentrionale, nous arriverons rue de *Beaujolais*, créée en même temps que la rue de Valois sur une partie de l'ancien jardin, puis rue *Neuve-des-Petits-Champs*, ouverte en 1634 au milieu de jardins potagers et de champs, d'où le nom que l'on donna à la rue qui ne fut définitivement bâtie qu'au XVIIIe siècle ; toutes ses maisons remontent à cette époque. En face de nous s'ouvre la rue *Vivienne*, contemporaine de la précédente ; à gauche se dressent les bâtiments occupés par la Bibliothèque nationale : c'est l'ancien palais construit au XVIIe siècle pour le cardinal Mazarin, par les architectes Lemuet et Mansart. Après avoir été le siège de la célèbre banque de Law, sous Louis XV, et avoir abrité la Bourse des changeurs, on en fit le dépôt de nos riches collections de volumes, de manuscrits et de médailles, en 1734. A droite dans la rue Vivienne, on peut voir plusieurs grands immeubles à hautes fenêtres : ils ont été bâtis par Colbert, le grand ministre de Louis XIV, dont ils formaient l'hôtel. A l'extrémité de cette rue Vivienne se trouve la Bourse des valeurs, ou Bourse de Paris.

Après avoir laissé sur notre droite la rue *Radziwill*, qui fut ouverte au XVIIe siècle, nous prendrons la rue de *la Vrillière*, sa

contemporaine, et nous arriverons rue *Croix-des-Petits-Champs*, où se trouve l'entrée de la Banque de France. Cet établissement de Crédit, fondé en 1806, occupe l'ancien hôtel de la Vrillière, secrétaire d'Etat, bâti en 1620, par P. Mansart. Restauré en 1719, par de Cotte, il fut agrandi en 1811-12 pour recevoir les services de la Banque, et plus récemment encore, en 1855, par l'architecte J. Crétin. C'est dans cet hôtel qu'habitait, à la fin du XVIIIe siècle, la célèbre princesse de Lamballe qui périt si malheureusement aux journées de septembre 1792.

En face de la Banque s'ouvre la rue *Coquillière* qui n'était que simple chemin conduisant à la porte du même nom au XIIIe siècle. A l'endroit où nous nous trouvons, sur la hauteur, au milieu des champs, s'élevait un moulin qui disparut lors du percement de la rue Croix-des-Petits-Champs en 1685.

Quelques pas à gauche nous conduiront à *la place des Victoires*, au milieu de laquelle fut élevée, en 1822, la statue équestre de Louis XIV, due à Bosio. Les bas-reliefs, représentant le *Passage du Rhin* et *Louis XIV distribuant des récompenses*, sont de Boris.

Cette place des Victoires fut construite par Hardouin Mansart en 1685 aux frais du maréchal de la Feuillade, sur l'emplacement d'un hôtel La Ferté, démoli à cet effet. Un beau groupe figurant Louis XIV couronné par la Victoire ornait cette place, mais disparut sous la Révolution, qui la remplaça par une colonne commémorative en souvenir des morts du 10 août 1792. La place des Victoires a gardé, malgré la restauration de ses maisons et leur changement d'affectation, son grand air d'autrefois, mais moins imposant pourtant que celui de la place Vendôme, construite par le même architecte.

Nous prendrons à gauche la petite rue *Vide-Gousset*, notablement changée depuis sa fondation au XIVe siècle et qui n'a heureusement conservé que son nom peu engageant, car alors il ne faisait pas bon de s'y aventurer le gousset garni, et nous arriverons à la place des *Petits-Pères*, qui occupe l'emplacement de la cour du couvent des religieux Augustins, dits Petits-Pères, établis en cet endroit appelé les Burelles, en 1628. L'année suivante, ils posèrent la première pierre de leur église, en présence de Louis XIII qui voulut qu'elle prit le nom de Notre-Dame des Victoires, en souvenir de ses succès sur les protestants et la prise de la Rochelle leur dernier asile. Cette chapelle étant devenue trop petite, on dut la rebâtir en 1656. Les travaux interrompus, faute d'argent, reprirent en 1737 et furent terminés en 1740, après avoir successivement été conduits par les architectes Pierre Lemuet, Libéral Bruant et Gabriel Leduc. Le portail à pilastres coniques et corinthiens est l'œuvre de Cartaud. A l'intérieur, on remarque sept tableaux du peintre Van Loo représentant l'un les *Actions de grâce de Louis XIII et de Richelieu pour la prise de la Rochelle* et, les autres, des épisodes de la vie de Saint-Augustin.

Le surnom de Petits-Pères donné aux religieux augustins a une origine assez plaisante. Henri IV ayant aperçu dans son antichambre les deux fondateurs de l'ordre, les pères Amet et Mathieu, tous deux forts petits, demanda ce que voulaient ces deux *petits pères*. On trouva ce mot drôle et le nom leur resta. Le domaine du couvent était assez considérable. En effet, lorsqu'en 1790 on supprima la congrégation, les terrains lui appartenant furent vendus et sur leur emplacement on construisit plus tard les rues *Paul-Lelong* et de la *Banque*, dans laquelle se trouve l'administration de l'Enregistrement et du Timbre. La rue *Notre-Dame-des-Victoires*, simple chemin au commencement du XVIIe siècle et complètement bâtie en 1636 sur la rive droite, était bordée à gauche par le mur du couvent qui, gagnant la place de la Bourse actuelle, touchait au domaine des Filles Saint-Thomas, sur lequel on construisit la Bourse de Paris sous la Restauration.

Nous reviendrons sur la place des Victoires en laissant à gauche la rue du *Mail*, qui garde le nom de l'ancien jeu sur l'emplacement duquel elle fût bâtie; puis la rue *d'Aboukir*, ainsi nommée en souvenir du combat naval livré pendant la Révolution et qui fut construite sur la place occupée jadis par les remparts de Charles V, et nous continuerons par la rue *Etienne-Marcel*, qui dans cette partie ne date que de cinq ans environ. Etienne Marcel, prévôt des marchands au milieu du XIV$^e$ siècle, tâcha de secouer le joug des grands seigneurs et d'assurer plus de liberté aux bourgeois de Paris.

Cette rue, qui va du boulevard de Sébastopol à la place des Victoires, est à peine complètement débarrassée de ses architectes ; avec la nouvelle rue du Louvre, que nous allons revoir, elle a encore l'air d'un vaste chantier de construction ; mais avant quelques mois tout ce quartier aura pris sa physionomie normale et il ne restera plus rien des travaux nécessaires à sa transformation. Et pourtant combien il a fallu remuer de vieux souvenirs, abattre d'antiques murailles, modifier d'anciennes rues pour arriver à faire pénétrer là le soleil et la lumière, l'air et la santé! La rue de la *Jussienne*, la rue *d'Argout*, la rue *Pagevin*, la rue *Coq-Héron* ont dû disparaître en tout ou partie pour livrer passage à cette large rue Etienne-Marcel. La rue Pagevin est celle qui a donné le plus au nouveau chemin, car elle a cédé non seulement son sol et ses maisons, mais encore son nom. Elle n'est plus aujourd'hui qu'un souvenir. D'ailleurs, elle aussi, en 1849, s'était montrée dévorante, car elle avait réuni sous une seule dénomination trois petites rues qui se faisaient suite. L'une, la rue Verdelet, au XIII$^e$ siècle Merderet, était une voie étroite et infecte, située en dehors de Paris sous Philippe-Auguste ; la seconde, d'abord ruelle Bremeuse, à cause de sa malpropreté, devint rue Pagevin, en raison d'un huissier au Parlement qui y habitait ; la troisième allant jusqu'à la place des Victoires, par la rue Vide-Gousset, était connue, au XVI$^e$ siècle, sous le nom de rue du Petit-Reposoir, parce qu'on y élevait un reposoir le jour de la Fête-Dieu. A la place de ces ruelles et des maisons séculaires qui les bordaient, nous avons une large et belle voie. A tout prendre, Paris n'y a pas perdu.

Quant à la rue d'*Argout* et à la rue *Hérold*, cette dernière ainsi nommée en souvenir du célèbre compositeur de musique qui y mourut en 1833, dans la maison portant le n° 10, comme l'indique une plaque commémorative, elles furent de beaucoup diminuées par suite du percement de la nouvelle artère, de même que la rue de la *Jussienne*, autrefois rue Sainte-Marie-l'Egyptienne, en raison d'une chapelle qui s'y trouvait au coin de la rue Montmartre.

Le grand bâtiment carré, celui que nous voyons se dresser devant nous, exposant ses quatre faces aux quatre points cardinaux, est le nouvel *Hôtel des Postes*. Il remplace l'ancien hôtel, sis rue J.-J. Rousseau, bâti au XVII$^e$ siècle par Barthélemy d'Hervart, contrôleur général des finances, dans lequel l'administration des Postes

avait été installée en 1757. Sous le second Empire, il avait été question d'établir la recette générale des postes de Paris près de la place du Châtelet ; mais ce projet ne fut pas mis à exécution et on attendit jusqu'à 1880 pour réaliser une réforme qui s'imposait depuis longtemps. M. Guadet, architecte, après avoir accompli une mission en Europe pour y étudier les différents fonctionnements des administrations postales étrangères, fut chargé de la construction de l'édifice qui s'élève rue Etienne-Marcel. C'est à cette occasion qu'on transforma de fond en comble tout ce quartier. On abattit l'ancien hôtel d'Hervart et d'autres immeubles voisins, situés rue J.-J. Rousseau, ainsi que la rue Pagevin et une partie des rues environnantes, et sur la place ainsi formée on éleva le nouveau bâtiment, destiné à centraliser la correspondance parisienne. On s'efforça de réunir toutes les commodités nécessaires à la prompte exécution des services et, après différentes modifications, on inaugura, le 16 juillet 1888, le nouvel Hôtel des Postes et des Télégraphes.

Les travaux qui ont été exécutés pour la construction de l'Hôtel des Postes ont complètement modifié cette partie de la rue Montmartre à laquelle nous arrivons. Avant cette époque, la large baie formée par la rue Etienne-Marcel n'existait pas et la rue J.-J. Rousseau était la seule qui affluât en cet endroit. Cette rue, dont nous avons vu le commencement au début de cette excursion, existait en 1283 sous le nom de rue Maverse où il y a une plâtrière. Cette dénomination indique assez qu'il y avait alors une plâtrière le long du mur d'enceinte de Philippe-Auguste. La rue fut vite bordée de maisons et, au XVI$^e$ siècle, c'était une voie entièrement construite. L'auteur du *Contrat social* y ayant habité un petit appartement d'une maison disparue aujourd'hui, cette rue, qui s'était appelée Platrière jusqu'à la Révolution, fut nommée, en 1791, Jean-Jacques Rousseau.

Nous prendrons la rue *Montmartre*, qui s'allongea au fur et à mesure des agrandissements de Paris. Là s'élevait la première porte Montmartre, ou Saint-Eustache, qui faisait partie de l'enceinte de Philippe-Auguste ; elle avait été bâtie vers 1200 et occupait sensiblement l'emplacement des maisons portant les numéros 15 à 32. La rue fut élargie en 1847 et en 1852, du côté des numéros pairs; elle perd donc de son intérêt historique depuis la reconstruction des maisons qui la bordent.

Mais il n'en est pas de même de la rue du *Jour*, qui débouche à droite de la rue Montmartre. Elle touchait en effet à l'enceinte de Philippe-Auguste et était désigné, au XIII$^e$ siècle, sous le nom de rue Raoul-Roissolle, à cause d'un bourgeois qui l'habitait. Charles V y fit élever, en 1370, un manège qui s'étendait sur tout le côté droit. On l'appelait le *séjour du Roi*, ce qui fit donner à la rue le nom de Séjour et par altération Jour. On peut voir, sans doute, au n° 25 de la rue et dans les cours environnantes, quelques restes des constructions royales du XIV$^e$ siècle, remplacées par des immeubles qui existent encore, et dont l'origine remonte au XVI$^e$ siècle. L'un d'eux portant le numéro 4 actuel est l'ancien hôtel de Royaumont, qui appartint au fameux duelliste F. de Montmorency, comte de Boutteville, lequel paya de sa tête sa désobéissance aux ordonnances de Richelieu sur le duel.

Nous arrivons à la pointe Saint-Eustache, où aboutissent les rues de Turbigo, Montorgueil et Ballard.

La première fut percée vers 1865 et reçut le nom de la bataille gagnée par les Français sur les Autrichiens en 1859. Elle aboutit à la place de la République, reliant ainsi les Halles aux grands Boulevards et aux faubourgs du Nord. C'est, d'ailleurs, une des belles artères du Paris nouveau, dont la construction fit disparaître ou modifia un grand nombre de rues qu'il est inutile de rappeler ici. Disons seulement que, dans la partie qui nous touche, les rues Mauconseil, Mondétour, Saint-Denis, Montorgueil et Pirouette furent coupées par la nouvelle voie.

Quant à la rue *Montorgueil*, elle offre plus d'intérêt archéologique. Sa première partie s'appelait autrefois rue du Comte d'Artois, du neveu de Saint-Louis qui y avait son hôtel. Vers la fin du XIII<sup>e</sup> siècle, le 3<sup>e</sup> mur d'enceinte, qui passait non loin de là, fut ouvert, ce qui donna naissance à la porte au comte d'Artois. Cette porte était flanquée d'une tour qui, gênant le passage pour aller aux Halles, fut démolie en 1498. En 1792, cette partie de la rue devint Montorgueil, par suite de sa réunion avec le haut de la voie, qui, au XIII<sup>e</sup> siècle, se nommait *Vicus Montis Superbi* (rue du Mont Superbe-Orgueilleux). Cette désignation lui avait été donnée parce qu'elle conduisait à une colline d'où on découvrait la campagne au-delà des remparts. C'est sur l'emplacement de ce monticule que se trouve la rue des Petits-Carreaux, qui fut longtemps confondue avec notre voie.

Voyons maintenant l'*Eglise Saint-Eustache*. C'est la plus remarquable de Paris, après Notre-Dame, par sa grandeur et la magnificence de sa décoration. Sa large nef, son splendide maître-

autel, ses voûtes pleines de hardiesse, que soutiennent des piliers merveilleusement sculptés, imposent au plus haut point. L'église Saint-Eustache a une histoire assez mouvementée. L'emplacement sur lequel elle se trouve aujourd'hui était, à l'époque de la domination romaine, occupé par un temple consacré à Cybèle, déesse de la Terre.

Une petite chapelle dédiée à Sainte-Agnès avait remplacé, depuis longtemps déjà, le temple païen, lorsqu'en 1223 elle fut transformée en église, qui subsista jusqu'à la reconstruction sur un plan plus vaste de l'Eglise actuelle. Lorsque les *pastoureaux* vinrent à Paris sous la conduite du moine Jacob, en 1250, ils s'emparèrent de Saint-Eustache et y massacrèrent ceux qui la défendaient.

Plus tard, au XV<sup>e</sup> siècle, pendant la lutte des Bourguignons et des Armagnacs, l'Eglise fut le théâtre de réunions et de prédications nombreuses. Au XVII<sup>e</sup> siècle, Saint-Eustache était une des plus riches paroisses de Paris par ses œuvres d'art. Chaque riche famille, en effet, y avait sa chapelle, de même que certaines confréries ou corporations. Du reste, le peuple lui-même avait en vénération particulière l'Eglise et ses curés. C'est à la mort de l'un d'eux, Marlin (milieu du XVII<sup>e</sup> siècle) que les dames de la Halle et les habitants du quartier firent une émeute, pour avoir le curé

de leur choix, le neveu du défunt. Devant leur attitude menaçante, l'évêque dut céder. Dans une pétition adressée à cet effet à la reine, une des dames appuya son argumentation en faveur de son candidat, en disant naïvement : « D'ailleurs, les Merlin ont toujours été curés de Saint-Eustache, *de père en fils* ». Le corps de Mirabeau fut déposé à Saint-Eustache, le 3 avril 1791, avant d'être transporté au Panthéon ; c'est là que Cérutti prononça l'éloge du grand tribun. La fête de la *déesse Raison* y eut lieu en 1793 ; enfin, un club de femmes s'y établit pendant quelque temps sous la Révolution. De nos jours, l'église Saint-Eustache se fait encore remarquer par les magnifiques cérémonies religieuses qui y sont célébrées, notamment le jour de Noël.

L'église Saint-Eustache actuelle, commencée en 1532, ne fut terminée qu'en 1641. On ne conserva de l'ancien monument que la partie du pilastre surmontée d'une pyramide qu'on peut voir sur le côté du portail méridional du transept. Le portail principal, situé à l'ouest, du côté de la rue du Jour, est plus récent, car il ne remonte qu'à l'année 1752. Commencé par Mansard de Jouy, il fut achevé par Moreau, en 1788. L'intérieur, orné de peintures de Van Loo, de Gleize et d'un grand nombre de peintres modernes, est très imposant par la hauteur de la nef principale et la grandeur de l'édifice. Citons, entre autres choses, le maître-autel en marbre blanc, la chapelle de la Vierge, consacrée par Pie VII, en 1804, la chaire en bois sculpté par Moisy et Pyanet, et le buffet d'orgues, œuvre de Baltard, inauguré en 1854. La chaire et le buffet d'orgues actuels remplacent ceux primitivement construits qui furent détruits en 1844 par un incendie. Plusieurs grands hommes furent inhumés dans cette église ; parmi eux Voiture, Benserade, Vaugelas, tous trois poètes, l'amiral Tourville, le maréchal de la Feuillade et le brave colonel Chevert. Nous avons gardé pour la fin le plus célèbre d'entre tous, le grand Colbert, ministre de Louis XIV ; il faut aller voir le tombeau, œuvre de Coysevox, exécuté d'après les dessins de Ch. Lebrun. Remarquons la statue de Colbert en marbre blanc (Coysevox), l'*Abondance* et la *Religion* (Turby).

Sortant de l'église par la porte méridionale, nous nous trouverons sur ce qu'on appelle la pointe Saint-Eustache, petite place ainsi nommée à cause de la forme pointue et élancée du chevet de l'église. Sur l'emplacement qui longe Saint-Eustache au sud se trouvait, avant la construction des Halles, une rue étroite qui, au seizième siècle, s'appelait rue Traînée, sans doute en raison de sa « figure longue et étroite » pense Jaillot. Cette petite voie, ruelle plutôt que rue, était connue vers 1300 sous le nom de ruelle du curé de Saint-Eustache, probablement parce que le desservant de l'église y habitait.

A gauche, s'ouvre la rue de *Rambuteau*, qui a englobé lors de son percement en cet endroit (1840-1844) une vieille voie parisienne, dont nous pouvons voir encore quelques maisons, seuls restes de la rue de la Chauverrerie, qui remontait au douzième siècle.

Quand on se trouve à la pointe Saint-Eustache, on a devant soi la masse imposante des *Halles centrales*, dont la superficie est de 90 milles mètres carrés. Elles servent d'entrepôt à tous les objets de consommation employés par la population de Paris et celle des environs. Viandes, gibiers, beurres, poissons, légumes et fruits, apportés là par les maraîchers des environs de Paris ou expédiés par les marchands de province, se vendent en gros le matin sur la place où nous nous trouvons, ainsi que dans les allées ou les rues avoisinantes ; l'après-midi, les marchandes, installées dans les pavillons, qui sont au nombre de dix, débitent aux consommateurs les marchandises arrivées pendant la nuit.

Quittant la pointe Saint-Eustache, nous prendrons la large rue *Baltard*, qui coupe les Halles en deux parties ; cette voie doit son nom à l'architecte qui construisit ce magnifique marché ; elle occupe l'emplacement de la rue de la Tonnellerie, qui allait de la pointe Saint-Eustache à la rue Saint-Honoré. C'était, au XIIe siècle, un simple chemin où s'élevaient quelques masures occupées par des juifs ; en 1202, le chemin était entièrement bordé de maisons et s'appelait rue de la Tonnellerie, à cause des marchands de

futailles qui y étaient établis. Au XVIIe siècle, elle devint la rue des Grands-Piliers-des-Halles, en raison des piliers construits sous Henri II. Cette rue vit une partie de ses maisons disparaître en 1844 et, les autres, en 1855, lors de la construction des Halles.

En suivant la rue *Berger*, du nom d'un ancien préfet de la Seine, nous arrivons au *Square* et à la *Fontaine des Innocents*. Au XIIe siècle s'élevait en cet endroit une église construite sous le règne de Louis-le-Jeune, et que Philippe-Auguste agrandit avec l'argent extorqué aux Juifs qu'il avait dépouillés. Vers le milieu du XVe siècle, l'évêque Denis Dumoulin en fit la dédicace et l'appela l'église des Innocents. Un cimetière, dont l'origine remontait à la plus haute antiquité, et qui servait de sépulture aux abbés de St-Germain-l'Auxerrois, y attenait. Lorsque les Halles furent établies, ce champ de repos fut continuellement traversé par la population si commerçante de ce quartier ; la nuit des voleurs s'y cachaient et, pour comble, des animaux, des chiens déterraient les cadavres et s'en repaissaient. En 1186, Philippe-Auguste, pour faire cesser ce scandale, l'avait fait entourer de murs ; plus tard, Nicolas Flamel et le maréchal de Boucicaut firent construire le long du mur une galerie voûtée qu'on appela les *charniers*. Cette galerie humide et sombre, située sensiblement sur l'emplacement de la rue de la Ferronnerie actuelle, servait de sépulture aux riches en même temps que de passage aux piétons ; des boutiques de modes, de lingeries et d'écrivains publics y étaient installées voisines des tombeaux et des monuments funèbres. C'est là qu'était peinte la célèbre *danse macabre*, qui représentait en une série de tableaux la mort frappant indifféremment toutes les classes de la société, grands ou petits, riches ou pauvres, nobles ou vilains. On raconte que cette peinture ne fit que perpétuer le souvenir des mascarades en usage au XIVe siècle ; on dit aussi qu'elle avait fixé les vers d'un poète troubadour, Macabrus, célèbre par ses images fantastiques. — Mais le cimetière des Innocents, situé au centre de Paris, au milieu d'un quartier aussi populeux que celui des Halles, devint une menace pour la santé publique ; aussi, en 1786, les ossements furent-ils enlevés et enfouis dans les catacombes creusées sous Paris, au-delà de la barrière St-Jacques, au lieu dit : *la Tombe Isoire* ; en même temps ou démolit l'église et les constructions qui couvraient l'ancien cimetière, et sur leur emplacement on construisit un magnifique marché, celui des Innocents, qui, inauguré en 1789, subsista jusqu'en 1858. A l'encoignure des rues St-Denis et Aux Fers, (aujourd'hui Berger), se trouvait une terrasse formant galerie à arcades dépendant de l'église des Innocents, galerie ornée de sculptures dues au talent de Jean Goujon et de Pierre Lescot ; on résolut d'assembler les productions des deux artistes du XVIe siècle et d'en faire une fontaine qu'on établirait au milieu du nouveau marché. Ce plan fut exécuté et les travaux de raccordement confiés à Pajou, Daujon Lhuillier et Mézières.

C'est la fontaine que nous voyons dite des *Innocents*.

C'est un monument quadrangulaire, dont les quatre faces sont des arcades ornées de pilastres corinthiens et décorées de naïades dues au ciseau de Jean Goujon (XVIe siècle) et de Pajou (XVIIIe siècle). Cette fontaine, construite en 1550, par P. Lescot, le long de

l'Église des Innocents, avons-nous dit, ne possédait que trois arcades ; quand on la rebâtit au milieu du marché, Pajou en éleva une quatrième et il mélangea avec art les anciennes et les nouvelles pierres de façon à donner une teinte uniforme à l'édifice qui se trouvait alors au milieu de la rue Pierre-Lescot actuelle. En 1860, la fontaine fut de nouveau déplacée, restaurée et élevée à l'endroit où nous la voyons au milieu du square qui remplace l'ancien marché des Innocents.

Gagnons le boulevard de *Sébastopol*, ouvert en 1854-55, pour faire suite à celui de Strasbourg inauguré en 1853 et remontons-le jusqu'à l'église St-Leu. Ces deux larges voies qui, en réalité n'en forment qu'une seule, furent percées pour faciliter la circulation dans cette partie de la ville qui, auparavant, n'était desservie que par les rues étroites et tortueuses du Temple, St-Martin, St-Denis et Montmartre. Du reste le besoin d'une nouvelle voie, large, vaste, pouvant faciliter la traversée de Paris du sud au nord se faisait sentir depuis bien longtemps déjà ; la population augmentant dans des proportions considérables, le commerce s'accroissant, les relations journalières devenant de plus en plus nombreuses, ces anciennes rues ne suffirent plus et il fallut songer à la création de nouveaux moyens de communication ; de là vint, du reste, la transformation totale de Paris sous le second empire, transformation due autant aux nécessités de la vie parisienne qu'à la réalisation d'un plan d'embellissement de la ville.

Nous n'entreprendrons pas, dans cet article, de faire l'histoire des rues adjacentes au boulevard et des voies qu'il fit disparaître ou qu'il engloba par suite de son percement : cela nous emmènerait trop loin ; nous ne ferons que parler des endroits ayant un caractère historique particulier.

Le lieu sur lequel nous nous trouvons était autrefois compris dans le jardin du Couvent des filles St-Magloire, et sur l'emplacement occupé aujourd'hui par la rue de la Cossonnerie se trouvait encore avant 1854 la cour Batave. Cette cour remplaça la confrérie du St-Sépulcre, fondée dans les premières années du XIV° siècle, qui avait là son église et ses dépendances. Supprimé en 1790, les bâtiments furent vendus l'année suivante à une compagnie hollandaise ou batave qui transforma le couvent, fit prolonger le passage de Venise et construire une cour ouvrant sur la rue St-Denis, à laquelle on donna le nom de Cour Batave. Les constructions qui l'entouraient, toutes affectées au commerce, subsistèrent jusqu'en 1854 puis furent abattus.

Après la rue de *Rambuteau*, percée en 1838-44, s'élève *l'église St-Leu-St-Gilles*, dont l'entrée principale et le portail se trouvent rue St-Denis. Elle fut bâtie vers 1235 sur un terrain appartenant aux religieux de St-Magloire et avec leur autorisation pour servir de succursale à l'église de St-Barthélemy sise dans la cité. En 1320 elle fut reconstruite, puis érigée en paroisse trois cents ans plus tard. En 1727, elle subit de grandes réparations, entre autres une qui consista à transporter la charpente du clocher de l'horloge d'une vieille tour tombant en ruine sur une autre nouvellement élevée (façade de St-Denis). En 1780, de nouveaux travaux furent exécutés, le sol du sanctuaire fut exhaussé et l'on construisit une chapelle souterraine dans laquelle on descend. Cette église, supprimée et vendue pendant la Révolution, fut rendue au culte en 1810. Lors du nivellement du boulevard, elle subit de nouvelles modifications : on dut reculer la façade sise sur la voie récente, ce qui occasionna sa reconstruction de ce côté. Ajoutons que l'intérieur est très artistement décoré et citons comme particularité la chapelle basse du calvaire, sous le maître-autel, ornée d'une statue du Christ remontant au XV° siècle.

En continuant notre promenade, nous reverrons pour la troisième fois la rue *Etienne Marcel* qui n'est autre, dans cette partie, que l'ancienne rue Aux Ours datant du treizième siècle, transformée lors du percement du boulevard en 1854. C'est dans cette rue que se trouve, à droite, la *Tour Jean-sans-peur*, remontant au quinzième siècle, ancienne dépendance de l'hôtel de Bourgogne, construit à cette époque non loin des remparts de la ville qui passaient sur l'emplacement de la rue Etienne-Marcel.

Entre la rue précédente et la rue Greneta, la nouvelle voie a englobé la rue Bourg-l'Abbé, qui a été complètement supprimée. Autour de l'abbaye de Saint-Martin-des-Champs se trouvait dès le neuvième siècle un bourg relevant du monastère : on l'appelait le Bourg-l'Abbé, parce que l'abbé de Saint-Martin en était le seigneur. Lorsque Philippe-Auguste construisit l'enceinte de Paris dans les premières années du XIII° siècle, ce bourg fut enfermé dans la ville et le principal chemin qui le traversait devint la rue Bourg-l'Abbé. Les habitants de ce lieu eurent pendant longtemps une assez mauvaise réputation, tant sous le rapport des mœurs que sous celui de l'intelligence. Quand on voulait parler des débauchées et des sots, on disait : « ce sont gens de la rue Bourg-l'Abbé ; ils ne demandent qu'amour et simplesse. » Cette voie se trouvait sensiblement sur l'emplacement occupé par les maisons

de la rive gauche. Aujourd'hui, notre rue Bourg-l'Abbé est l'ancienne rue Neuve-Bourg-l'Abbé qui n'a du reste, d'ancien que le nom, car elle fut ouverte en 1829.

Nous atteignons la rue de *Turbigo*, que nous avons déjà vue aux Halles. La partie qui nous occupe à gauche et à droite du boulevard fut décidée en vertu du décret de 1854 ; c'est donc de beaucoup le premier tronçon percé, puisque les autres ne le furent guère que dix ans plus tard. Elle a englobé dans son parcours : 1° une partie de la rue Bourg-l'Abbé, dont la rue Palestro actuelle n'est autre que le prolongement, ses premières maisons ayant été construites sur l'emplacement des dernières de la rue disparue ; 2° les rues du Grand-Hurleur et du Petit-Hurleur et la moitié du passage de l'Ancre, dont le reste subsiste encore à droite de la nouvelle rue. Le nom de ces deux voies, très anciennes, provient très probablement d'une altération de Heu-leu, qui se disait pour Hugues Loup, bourgeois de l'époque.

Après la rue *Greneta*, modifiée lors des grands travaux de voirie accomplis en 1854, et qui existait au XIII° siècle sous le nom de rue de la Trinité, en raison de l'hôpital qui y avait son entrée, et dont l'origine remontait au XII° siècle, et la rue *Réaumur*, construite dans cette partie vers 1860, après avoir englobé l'ancienne rue Guérin Boisseau, datant du XII° siècle, nous arriverons au *square des Arts et Métiers*, orné de deux bassins surmontés de groupes, l'un de M. Ottin, les *Arts* et le *Commerce*, l'autre de M. Gumerz, l'*Industrie* et l'*Agriculture*.

Prenant la rue *Papin* où se trouve le théâtre de la Gaîté, construit en 1862, comme le square, par M. Hittorf, architecte, nous nous trouverons en face du *Conservatoire des Arts-et-Métiers*.

Le *Conservatoire des Arts-et-Métiers* fut fondé par décret de la Convention en date de 1794 et installé définitivement en 1800 dans ce qui restait de l'ancienne abbaye de Saint-Martin-des-Champs. C'est là que se trouvent réunies les collections d'outils, de machines, etc., de tous genres et de toutes les époques servant à l'industrie. On y entre par un grand escalier qui s'élève au fond d'une cour d'honneur contenant les statues de Vaucanson, mécanicien mort en 1782, d'Ollivier de Serres, agronome, mort en 1619, de Denis Papin, l'inventeur de la machine à vapeur, mort en 1710, et de Leblanc, chimiste du dix-huitième siècle. Indépendamment de ses belles galeries, le Conservatoire des Arts-et-Métiers possède de magnifiques laboratoires, une bibliothèque très complète en son genre, et des cours spéciaux de mécanique, de physique, d'économie politique et d'agriculture y sont professés par nos plus grands maîtres.

Le monastère de Saint-Martin-des-Champs remontait aux premiers temps de la monarchie française.

Saint Martin avait acquis, dès la fin du IV° siècle, une très grande renommée ; ce saint homme ayant guéri un lépreux des environs de Paris, on cria au miracle, et pour consacrer cette guérison, le peuple éleva un oratoire en feu llage (385). On peut considérer ce témoignage de la reconnaissance des hommes de cette époque comme l'origine du monastère. Dans un diplôme du temps de Childebert III, on trouve que la Foire du Pont Saint-Martin était tenue dans un champ voisin de la basilique de Saint-Martin; c'est donc qu'à cette époque une église existait en cet endroit. Dès 1067, des chanoines s'y installèrent, et le monastère prit le nom de Saint-Martin-des-Champs, ce qui prouve la situation de l'abbaye, loin de la ville, à peine sortie de la cité, au milieu des champs qui l'entouraient. Bientôt, autour de la maison des chanoines, se forma un village, celui de Bourg-l'Abbé, dont nous avons parlé plus haut.

En 1079, Philippe 1er installa les religieux de Cluny dans l'établissement, qui devint alors le Prieuré de Saint-Martin, un des plus importants de France par ses prérogatives et sa richesse. Le cloître, qui tombait en ruines, fut reconstruit de 1702 à 1720, mais peu de temps après, ses dépendances commencèrent à être divisées par suite du percement de différentes rues en 1765. Lorsqu'arriva 1790, une partie du couvent fut vendue et démolie; l'autre fut affectée au Conservatoire des Arts-et-Métiers. L'architecte Vaudoyer, vers 1855, restaura ce qui restait de l'antique abbaye; c'est ainsi que la galerie des machines est l'ancienne chapelle (la nef date du XIIIe siècle, le chœur et l'abside du XIIe); la bibliothèque est installée dans l'ancien réfectoire, belle construction ogivale attribuée à Pierre de Montereau et remontant au XIIIe siècle; on peut voir enfin, dans les cours intérieures, d'autres vestiges remontant au VIe ou au XIe siècle.

Près de là, au coin de la rue du *Verthois*, qui date du XIIe siècle, et dont le nom vient probablement des arbres qui environnaient l'entrée du prieuré, se trouve une tour carrée, restaurée récemment, ancienne dépendance du cloître. C'est la *Tour du Verthois*.

Descendant la rue Saint-Martin, nous verrons, au coin de la rue Réaumur, la vieille église *Saint-Nicolas-des-Champs*, qui remonte à 1110; elle servait de chapelle aux domestiques du prieuré

de Saint-Martin, dont nous venons de faire la monographie. Rebâtie en 1420, puis agrandie au XVIe siècle, elle fut restaurée en 1842. Le portail méridional date de 1576. L'autre fut refait lors de la dernière restauration. Terminons en disant que Saint-Nicolas-des-Champs renferme les tombeaux de G. Budé, le savant libraire de François Ier; de Gassendi, philosophe du XVIIe siècle et de Mlle de Scuderi, écrivain de la même époque.

Continuons à suivre la rue Saint-Martin qui nous ramènera dans le vieux Paris. Après la rue des *Gravilliers*, remontant à 1250, époque à laquelle elle était presque entièrement construite

et connue sous le nom de Gravelier, nous verrons la *rue Chapon*, contemporaine de sa voisine; la partie qui nous touche occupe une partie de l'ancien cimetière qui entourait Saint-Nicolas-des-Champs, auquel la rue conduisait. Puis viennent les *rues de Montmorency*, qui prend son nom de Mathieu de Montmorency, connétable sous Philippe-Auguste, qui y avait fait bâtir son hôtel vers 1215 (les numéros 5 et 8 sont le grand et le petit hôtel de Montmorency), et la rue *Grenier Saint-Lazare*, déjà bordée de maisons au milieu du XIIIe siècle et connue sous le nom de Garnier Saint-Lazare.

Nous ne nous attarderons pas à énumérer les rues tributaires de celle que nous suivrons, qui ont toutes gardé leur caractère d'antiquité et dont les immeubles remontent pour la plupart au XIVe siècle. Cette partie de Paris est celle qui est la plus ancienne après la Cité, puisqu'elle existait déjà du temps de Philippe-Auguste, qui l'entoura d'une muraille dans les premières années du XIIIe siècle.

Mais nous parlerons de la rue *Saint-Martin*. C'est, comme sa voisine la rue Saint-Denis, une des plus vieilles artères de Paris; elle a été et est encore, du reste, une des plus commerçantes et des plus mouvementées. Dès le XIIe siècle, la rue Saint-Martin existait déjà de la rivière à Saint-Merri, mais sous deux noms différents. En 1300, la partie comprise entre la Seine et Saint-Jacques-la-Boucherie (la tour Saint-Jacques) s'appelait rue de Mibray ou des Planches-Mibray; ce n'était d'ailleurs qu'une ruelle. L'étymologie de ce nom mérite qu'on la donne, ce qui en même temps rappellera l'aspect de cet endroit aux XIVe et XVe siècles. Les eaux de la Seine, surtout dans les grandes crues, venaient baigner les maisons de la rue et s'avançaient assez loin, jusqu'à la rue de la Vannerie (avenue Victoria); en se retirant, elles formaient une mare boueuse, un marécage (*bray*) et on ne pouvait alors parcourir la rue que sur des planches qui y étaient jetées; le mot *mi* ajouté à bray voulait dire milieu : planches-mibray signifie donc planches au milieu des marais. Lorsque le pont Notre-Dame fut construit, la rue changea d'aspect et devint plus abordable; la partie comprise entre les églises Saint-Jacques et Saint-Merri se nommait rue des Arcis, à cause de l'arche qui se trouvait sous la porte de Paris, située en cet endroit, près la rue des Lombards.

Ces deux petites voies furent réunies en 1851 à la rue Saint-Martin, qui commença ainsi à la Seine pour finir au boulevard. La construction des Halles sous Philippe-Auguste attira du monde dans ce quartier; la rue Saint-Martin s'allongea et vers 1200 elle était presque complètement bâtie jusqu'à la rue aux Ours d'aujourd'hui, à la hauteur de laquelle se trouvait une porte faisant partie de la troisième enceinte. En 1128, notre rue allait jusqu'à celle de Nazareth actuelle, et enfin, sous Louis XIV, elle atteignit les fortifications transformées en boulevards. Certes, la rue Saint-Martin a changé d'aspect pendant le cours des siècles; mais on y peut voir encore de vieilles et antiques maisons qui portent la marque de leur origine; il n'est pas rare de rencontrer des constructions remontant aux XVe et XVIe siècles. Son nom a la même origine que celui de sa voisine. L'abbaye de Saint-Martin-des-Champs se trouvant près de Paris, un chemin y conduisait les pèlerins; le nom du chemin, puis de la rue fut donc tout trouvé.

Parlerons-nous des souvenirs que rappelle cette rue? Cela serait certes trop long; pourtant nous dirons qu'indépendamment de Saint-Merri, d'autres églises s'élevaient dans notre rue, notamment celle dénommée Saint-Julien-des-Ménétriers, disparue aujourd'hui et qui, située au coin de la rue de Rambuteau, faisait partie de l'hôpital des Ménétriers, bâti pour recueillir les vieux musiciens (ménétriers) dont la corporation était des plus anciennes.

A l'angle de la rue Aumaire, se dressait l'échelle patibulaire de l'abbaye de Saint-Martin; des coches y venaient à date fixe attendre les voyageurs, et c'est d'une des maisons de la rue Saint-Martin que partirent, au XVII<sup>e</sup> siècle, les premières voitures publiques de Paris (1657). Le nom de celui qui eut cette idée était dit-on, *Fiacre*, d'où l'appellation sous laquelle on désigne encore aujourd'hui les voitures, à moins pourtant que ce ne soit parce qu'elles sortirent pour la première fois le jour de la Saint-Fiacre. Terminons en disant que c'est dans cette rue qu'habitait Guillaume Budé, prévôt des marchands et libraire de François I<sup>er</sup>.

Au coin de la rue de la Verrerie et de notre rue Saint-Martin, se trouve l'antique église *Saint-Merri*. Dès la fin du VII<sup>e</sup> siècle, il en est déjà fait mention ; c'était alors un simple oratoire, dans lequel Saint-Merri, moine bénédictin, fut enterré. Plus tard, au IX<sup>e</sup> siècle, puis au XII<sup>e</sup>, l'oratoire fut agrandi et transformé en église qui subsista jusqu'en 1520, époque à laquelle elle fut reconstruite en style gothique, mais pour n'être terminée qu'en 1612. Lors de cette reconstruction, on découvrit, en faisant les fondations, dans un tombeau de pierre, un cercueil sur lequel une inscription indiquait que les restes du guerrier qui y était enseveli étaient ceux de Eudes-le-Fauconnier, un des défenseurs de Paris contre les Normands en 886. Pendant la Révolution, Saint-Merri devint le Temple du Commerce, et c'était bien là sa place car, répétons-le, la rue Saint-Martin était depuis des siècles le centre des affaires. En 1832 (5 et 6 juin), elle fut le théâtre d'une révolution à Paris, et un combat meurtrier s'engagea dans le cloître qui l'entourait. En 1836, l'église fut restaurée et dans ces derniers temps, de nouveaux travaux furent nécessaires pour consolider son clocher. Le portail est remarquable par sa beauté ; notons à droite la vieille tour carrée et à gauche une tourelle surmontée d'un campanile. Quant à l'intérieur, il est très artistement décoré, et une des curiosités est une chapelle souterraine remontant au XVI<sup>e</sup> siècle.

—◦—

Quelques mots maintenant sur l'endroit où nous nous trouvons. Nous voyons d'abord la rue de *la Verrerie* qui fait suite à celle du *Roi-de-Sicile* ; son nom lui vient d'une verrerie qui y était installée en 1185 : c'est dire assez son ancienneté. Elle fut élargie sous le règne de Louis XIV, afin « d'embellir, dit l'ordonnance, le passage ordinaire pour aller de son château du Louvre en celuy de Vincennes, et le chemin par lequel se font les entrées des ambassadeurs des princes étrangers. » Cette rue était en effet, avec les rues des Lombards et Saint-Honoré d'un côté et celles du Roi de Sicile et Saint-Antoine de l'autre, le seul chemin pour aller de la Bastille au Louvre, à cette époque où l'existence de la rue de Rivoli n'était même pas encore soupçonnée. La plupart de ses maisons datent au moins du XVII<sup>e</sup> siècle ; quelques restes remontent même au XII<sup>e</sup> siècle, car lors de sa reconstruction, en 1520, l'église Saint-Merri engloba l'hôtel ayant appartenu à Suger, ministre de Louis VII, et on conserva de cette demeure un des gros murs dans lequel ou peut encore voir une des portes latérales de l'église. Un nommé Jean Gringoneur, peintre, peignit, dit-on, dans la maison qu'il habitait dans cette rue, les premières cartes à jouer, destinées à Charles VI (XV<sup>e</sup> siècle.) Le père de Bossuet, le futur archevêque de Meaux, et les ancêtres de Fénelon, le vertueux évêque de Cambrai, y eurent leurs hôtels. Les peintres verriers, les tapissiers et les couturières y avaient le bureau de leur corporation respective dès le XV<sup>e</sup> siècle. Plus tard, des droguistes s'y établirent, et aujourd'hui encore, forment une grande partie des commerçants de cette rue et des rues environnantes.

La petite rue *Brise-Miche* débouche dans la rue de la Verrerie ; ce nom, qui sent bien son âge, vient de ce qu'on distribuait dans cette rue les pains aux chanoines du cloître de Saint-Merri qui entourait l'église et dont une rue, située au nord, rappelle l'existence. Il en est de même de la rue *Taille-Pain*, affluent des deux rues précédentes, grâce à un retour d'équerre. Ces trois voies ont à peu près gardé leur apparence du XVI<sup>e</sup> siècle et d'au-delà, ce qui peut donner une idée exacte de ce qu'était Paris dans le temps jadis.

Bien que l'*Hôtel-de-Ville* ne soit pas compris dans le plan que nous avons donné au commencement de cet article, nous nous en trouvons trop près pour le passer sous silence. Ce joli Palais, siège de la municipalité parisienne, remplace celui qu'avait commencé

François I<sup>er</sup> en 1533 et qui fut incendié lors de la Commune en 1871. Lors de sa réédification (1874-1882) les architectes, MM. Ballu et Deperthes, s'efforcèrent de donner au nouvel Hôtel-de-Ville la physionomie architecturale de l'ancien. Rien de plus coquet que ce monument bâti en style renaissance et décoré, tant à l'extérieur qu'à l'intérieur, avec une grande profusion. Nous ne pouvons pas ne pas faire remarquer le campanile surmonté de ses six hérauts d'armes, les statues des grands hommes nés à Paris qui ornent la façade et, surtout, le motif de l'horloge qui est à peu près le même que celui d'avant 1871.

Deux figures ailées, la *Vigilence* et la *Prudence*, œuvre de M. Gautier, couronnent le fronton supérieur ; au-dessous se trouve la *Ville de Paris*, statue assise due au ciseau de M. Gautherin ; de chaque côté du cadran, deux autres figures couchées symbolisent l'une à droite, la *Marne*, l'autre à gauche, la *Seine* ; elles sont de M. Aimé Millet. A droite et à gauche une double composition de M. Hiolle entoure le cadran, d'un côté la *Science*, de l'autre le *Travail*.

Revenons vers les quartiers neufs, et nous nous trouverons rue de Rivoli, en face du *Square de la Tour Saint-Jacques*, dessiné et planté vers 1855 sur l'emplacement des anciennes rues d'Avignon, de la Savonnerie, Trognon, du Petit-Crucifix et de la Vannerie, qui toutes remontaient au XII<sup>e</sup> et au XIII<sup>e</sup> siècles. En son milieu s'élève

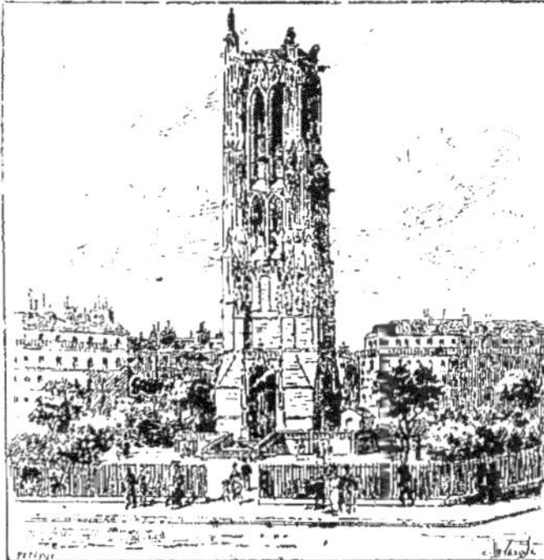

la *Tour Saint-Jacques-la-Boucherie*. Cette tour, commencée sous Louis XII, en 1508, et terminée en 1522, sous François I<sup>er</sup>, est un des plus beaux monuments de l'art gothique à Paris. Parmi les sculptures fines et élégantes qui ornent ses quatre faces, remarquons surtout à chacun des angles du sommet les figures d'animaux qui sont le symbole des évangélistes ; elles sont dues à Raoult, qui les sculpta en 1521. Habilement restaurée au commencement du second empire, par MM. Ballu et Roguet, architectes (1853), elle renferme la statue de Pascal (par Cavelier), physicien français du XVIIᵉ siècle, qui fit les premières expériences relatives à la pesanteur de l'air au pied de cette tour haute de cinquante quatre mètres. — Cet édifice faisait autrefois partie d'une église qui lui a donné son nom : Saint-Jacques-la-Boucherie. Lors du prolongement de la rue de Rivoli, qui nécessita un abaissement du sol de trois mètres environ, on découvrit les traces d'une première chapelle remontant à 964 ; d'autres fragments prouvèrent qu'un édifice plus considérable remplaça cette chapelle au XIIᵉ siècle, et enfin qu'une troisième église fut construite au XVᵉ siècle. On retrouva dans l'un des caveaux, les restes de Jean Peruel, médecin d'Henri II, qui avait à un tel point la confiance de la reine Catherine de Médicis qu'elle lui donnait douze mille écus d'or à chaque enfant qu'elle mettait au monde. La paroisse Saint-Jacques-la-Boucherie, ainsi nommée à cause du grand nombre de bouchers établis dans le quartier, fut supprimée en 1790 ; l'église servit de lieu de réunion aux révolutionnaires, puis fut louée à un industriel. En 1797, elle fut vendue à un entrepreneur qui la démolit, sauf la tour principale ; sur son emplacement on construisit un marché, en 1825, disparu lui-même, lors du percement de la rue de Rivoli. A sa place, on traça un square et on environna le pied de la tour, mis à découvert par suite de l'abaissement du sol, d'une balustrade pour la protéger contre les dégradations possibles et lui donner un aspect monumental.

Après avoir traversé le boulevard de Sébastopol, puis la rue Saint-Denis, nous prendrons la rue des *Halles*. Cette voie commença à être construite en 1854 ; à cette époque quelques maisons seulement furent bâties du côté de la rue de Rivoli, faisant disparaître la rue de la Tabletterie qui remontait au XIIIᵉ siècle. A la suite de cette rue se trouvait celle des Fourreurs déjà bâtie vers 1250 ; elle avait alors pour dénomination de la Cordonnerie, à cause des cordonniers qui l'habitaient. Les maisons impaires ayant été démolies vers 1865, elle se confondit avec la nouvelle rue des Halles ; quelques maisons, datant de plusieurs siècles, subsistent encore à droite, seuls restes de l'ancienne rue. Faisant suite à la précédente, se trouvait la rue de la Limace, vieille de plus de cinq cents ans, qui subit le sort des précédentes. Enfin, restait une impasse du côté de la rue des Déchargeurs, celle de Robin-Prend-Gage, du nom et de la profession d'un usurier qui y était installé au XIVᵉ siècle. Comme ses voisines, elle disparut pour livrer passage à la rue des Halles.

Nous prendrons la rue *Saint-Honoré* qui s'ouvre à gauche et nous la suivrons. Tout d'abord nous rencontrons la rue du *Pont-Neuf* dont une partie dépendait de la rue de la Tonnellerie et l'autre de la rue Tirechape, disparue elle aussi vers 1865. Mentionnons dans la rue du Pont-Neuf la maison où naquirent Molière et Regnard, nos deux plus grands poëtes comiques, ou mieux celle qui l'a remplacée vers 1835. Continuons à suivre la rue Saint-Honoré, qui s'en va finir à la rue Royale et qui s'est allongée au fur et à mesure de l'agrandissement de Paris à l'ouest. Cette rue

aux XVIᵉ et XVIIᵉ siècles, centre du commerce élégant, s'est vue abandonnée par les riches marchands, bien qu'elle soit encore de nos jours une des voies les plus fréquentées ; d'ailleurs ses maisons ont peu changé d'aspect depuis cette époque, du moins dans la partie où nous nous trouvons.

Nous citerons parmi les affluents de cette artère de la Ville la *rue des Prouvaires*, déjà bâtie au XIIIᵉ siècle sous Louis XI ; c'était une des plus belles rues de Paris ; les grands y habitaient, et on y vit un ambassadeur du Portugal loger, sans doute, au nº 22, qui a été transformée depuis. Même origine et même histoire pour la *rue Vau-villers* qui fut, comme la précédente, notablement diminuée par suite de la construction des Halles.

Au coin de la *rue de l'Arbre-Sec*, qui doit son nom à une enseigne, se dresse une fontaine construite sous François Iᵉʳ, au lieu dit la Croix-du-Trahoir, d'où elle fut transférée là en 1696. Restaurée par Soufflot en 1775, elle est formée de pilastres ornés de stalactites et

d'une nymphe due à J. Goujon. Cette rue fut le théâtre de nombreuses révoltes, notamment aux XVIᵉ et XVIIᵉ siècles ; c'est là qu'eut lieu la fameuse journée des barricades en 1648, dans laquelle le premier président Mathieu Molé faillit périr.

Nous atteignons la *rue Sauval*, qui était encore, il y a quelque vingt ans, rue des Vieilles-Étuves. Cette voie, comme ses voisines, remonte au XIIIᵉ siècle pour le moins, époque à laquelle des bains ou étuves y étaient établis. Une partie de cette rue disparut quand Catherine de Médicis fit élever son hôtel qui fut remplacé, comme nous l'avons vu, par la Halle au Blé et, depuis, par la Bourse de Commerce, à laquelle nous reviendrons par la rue du Louvre.

Telle est, en peu de mots, l'historique de ce quartier, un des plus vieux de Paris, et qui possède encore de nombreux vestiges de la vieille cité française.

**Georges Assanis.**

# LE BULLETIN DES HALLES

## JOURNAL QUOTIDIEN, COMMERCIAL, AGRICOLE ET INDUSTRIEL

**Le Bulletin des Halles en 1889**

Le *Bulletin des Halles*, fondé en 1846 par M. E. Fouquet, eut ses bureaux à l'angle des rue de Viarmes et de Sartine, au centre même de l'ancien Marché au Blé, jusqu'en 1887, où les immeubles qu'il occupait furent démolis pour la création de la Bourse de Commerce.

Le Journal s'est rapidement développé pendant cette période de 40 années, en même temps que les transactions en blés, farines et autres produits agricoles, avaient pris une plus grande extension.

Le nombre des abonnés augmentait sans cesse. Il avait plus que triplé en 1871, au moment où il changea de propriétaire.

La direction de M. Charles Bivort fut favorable à l'entreprise, transformée, à partir de 1883, en Société anonyme au capital de 1,250,000 francs.

L'expropriation

Entrée des Bureaux — Téléphone

Salle de brochage — Ateliers de Composition — Magasin de Clichés

Bureaux de la Rédaction

Bureaux de la Rédaction

a nécessité le déplacement des bureaux et ateliers, aujourd'hui installés confortablement dans plusieurs immeubles appropriés à leur nouvelle destination et situés en face de la Bourse de Commerce.

D'autres entreprises sont venues se greffer sur la première, qui a reçu ainsi un développement considérable.

Bureaux de l'Imprimerie

Une Imprimerie et une Librairie ont été annexées au Journal.

La *Société du Bulletin des Halles* est devenue propriétaire de plusieurs autres journaux et publications périodiques ; elle a installé de nombreuses machines à imprimer.

La Librairie édite des ouvrages intéressant spécialement le Commerce, l'Agriculture et l'Industrie.

Moteurs — Clicherie — Machines à imprimer

Salle de Pliage

Départ des Journaux

# ORGANISATION DES SERVICES DU *BULLETIN DES HALLES*

La nouvelle installation occupe la majeure partie de quatre immeubles réunis en un seul, rue Jean-Jacques Rousseau, 29, 31 et 33, et rue du Bouloi, 12, avec entrée principale rue Jean-Jacques Rousseau et rue du Louvre, en face la Bourse de Commerce.

Les travaux de cette installation, commencés sous la direction de M. Gauran, élève des Beaux-Arts, architecte de talent, ont été continués et achevés, après sa mort, par son collaborateur, M. Lochard, architecte.

Les machines et l'outillage industriels ont été fournis par M. Derriey, qui a dirigé l'installation des ateliers.

****

Les nouveaux locaux, disposés en vue de faciliter le travail, ont permis d'augmenter la production de l'imprimerie, où l'on peut voir confectionner, dans tous leurs détails, quatorze journaux, dont trois quotidiens, et plusieurs publications techniques illustrées, sans compter de nombreux travaux dits de labeur et des impressions en tous genres.

Les divers services occupent plus de 150 personnes : rédacteurs, imprimeurs, dessinateurs, mécaniciens, clicheurs, ouvriers et ouvrières.

A l'entrée des bureaux sont affichés les cours et dépêches des principaux marchés français et étrangers. Le magasin de librairie se trouve dans le vestibule, et l'on accède, par un perron, à la salle d'attente où sont installés les guichets accessibles au public : ceux de la caisse, des abonnements et des annonces. Un corridor central conduit aux bureaux de la comptabilité et à l'imprimerie.

L'imprimerie est installée dans les bâtiments du fond et comprend quatre salles pour les machines, les moteurs et la clicherie. Les magasins de papiers et la tremperie se trouvent dans les sous-sols : un petit chemin de fer, système Decauville, d'une longueur de 35 mètres facilite les manutentions.

Les machines sont mises en mouvement par deux moteurs à gaz de la force de huit et de seize chevaux-vapeur.

Les ateliers de composition, au nombre de quatre, sont reliés avec la clicherie et les salles des machines par deux monte-charges.

Plusieurs escaliers desservent les étages, où fonctionnent différents services.

Le grand escalier de l'entrée conduit au premier étage dans les bureaux du directeur, la salle du conseil, et, plus loin, dans la salle de lecture, le secrétariat de la rédaction et les bureaux des rédacteurs; ces derniers communiquent avec les ateliers de composition par la salle des correcteurs. Aux étages supérieurs du même escalier, se trouvent différents bureaux.

****

Un deuxième escalier dessert le *Journal de la Meunerie*, et plusieurs publications dépendent de la même administration, ainsi que les ateliers de dessin et de gravure.

Les ateliers de pliage et d'expédition sont installés dans l'immeuble de la rue du Bouloi.

La livraison des imprimés se fait directement de l'imprimerie. Les voitures faisant le service de départ stationnent dans la rue du Bouloi et se dirigent de là aux gares de Paris pour profiter des derniers courriers, car tout est agencé de manière à activer le travail, qui s'effectue dans des conditions exceptionnellement favorables et rapides.

La composition du journal commence le matin, les correspondances et dépêches arrivant toute la journée : celles venant jusqu'à cinq heures et demie du soir sont publiées le jour même. A cinq heures quarante-cinq minutes a lieu le clichage des formes ; le tirage commence à six heures ; dès sept heures, le pliage et la mise sous bandes occupent un nombreux personnel féminin.

Les abonnés de Paris et des environs sont servis à domicile avant sept heures du soir ; l'expédition des numéros destinés aux départements et à l'étranger est terminée à huit heures du soir.

Les autres publications de la Société s'exécutent et s'expédient dans la journée.

Les bureaux ferment à six heures et demie et les ateliers à neuf heures du soir ; ils ne sont pas ouverts le dimanche.

---

Le *Bulletin des Halles* est spécialement consacré à la publication des renseignements relatifs aux produits agricoles et industriels. Plus de 300 correspondants particuliers lui fournissent par dépêches et par correspondances les cours et les appréciations des principaux marchés français et étrangers.

Il publie entre autres :

Des Informations et Nouvelles industrielles et commerciales, les Cotes officielles et les Cours commerciaux, des Avis télégraphiques et téléphoniques.

Voici un aperçu des principales Marchandises traitées :

Farines, grains, graines, huiles, pétroles, alcools, vins, sucres, mélasses, suifs, produits stéariques, houblons, fourrages, bestiaux, viandes, volailles, gibiers, poissons, beurres, œufs, fromages, fruits et légumes, lards, saindoux, salaisons, savons, denrées coloniales, cafés, cotons, métaux, soies, laines, jutes, chanvres, engrais, charbons, etc., etc.

Le *Bulletin des Halles* contient, en outre :

Météorologie, Mouvement maritime, Départ et arrivée des Paquebots-Poste, Vente de Fonds de commerce, Adjudications et Ventes publiques, Sociétés, Faillites, Bulletin financier, Théâtres, Statistique, Législation et Jurisprudence commerciales, Roman-Feuilleton, Sport, etc

Les matières traitées plus particulièrement dans chacun des six numéros, en dehors des dépêches et renseignements commerciaux, ordinaires et quotidiens, se résument comme suit :

*Lundi* (numéro double, 8 pages). — Marché aux bestiaux de La Villette, Marché aux chevaux, Marché aux fourrages de Montrouge.

Le *Supplément du Lundi* contient : Chronique sur des sujets d'actualité, Informations et Nouvelles, Expositions et Concours, Mercuriale d'environ cent Marchés tenus le samedi, Revue financière et Memento de l'Actionnaire, Revue des Céréales à l'étranger, Jurisprudence et Législation, par V. Emion, Bibliographie, Chronique théâtrale, Feuilleton-Roman, Variétés.

*Mardi.* — Mouvement général de l'orge sur les principaux marchés, Denrées coloniales, Statistiques.

*Mercredi.* — Marché au blé de Paris et Cours des grains, graines et farines, houblons, fécules, Cote officielle des suifs.

*Jeudi.* — Marché aux bestiaux de La Villette, Cote des suifs et Cours des principaux produits stéariques.

*Vendredi.* — Bulletin économique, Statistiques, Mouvement général de l'avoine dans les principaux centres de production.

*Samedi.* — Revues hebdomadaires des grains et farines, huiles, alcools, vins, sucres, etc., Cote officielle des métaux.

# BISCUITS GUILLOUT

**(Maison fondée en 1843)**

## BUREAUX ET MAGASINS : 16, rue de Rambuteau, Paris

### USINES :

**18 et 20, Rue du Faubourg du Temple, et 58, Rue de Malte,
68 et 70, Rue des Fourneaux et rue Dutot**

M. Edme Guillout, né le 16 juillet 1811, à Champlay, département de l'Yonne, vint à Paris en 1829 et débuta dans le commerce de l'épicerie.

Malgré la modicité de ses ressources, il avait rêvé la création populaire d'un produit dont il avait remarqué tous les avantages.

Grâce à son travail et à son énergie, il ne tarda pas à mettre en pratique des moyens très modestes, d'abord, pour arriver au but qu'il poursuivait et qui avait été l'objet de ses constantes études, et il créa à Paris la première fabrique de biscuits.

Tels ont été les débuts de la maison Guillout qui, fondée en 1843, occupe aujourd'hui une des premières places dans l'industrie française.

Grâce aux progrès de toutes sortes réalisés par M. Guillout depuis la création de sa maison, la production du biscuit a pris non seulement en France mais dans les pays étrangers, un développement considérable ; et, malgré la concurrence de maisons nouvelles, créées la plupart par ses anciens ouvriers, la maison Guillout, conservant sa vieille réputation, si justement méritée, tient toujours la tête de cette importante industrie.

Il est bien évident que, pour que la consommation se soit ainsi accrue, il a fallu une amélioration certaine de la qualité du produit.

Nous n'hésitons pas à dire que toutes les innovations et améliorations effectuées, soit dans la fabrication, soit dans les diverses manipulations, sont dues aux sérieuses recherches et à la connaissance technique de M. Guillout, dont les concurrents n'ont pas tardé à adopter les procédés perfectionnés, ce qui constitue la meilleure preuve de leur supériorité sur les anciens modes de fabrication.

Il est intéressant de donner un aperçu succinct du développement progressif de la maison Guillout et de sa situation actuelle.

En 1843, à sa fondation, la maison Guillout n'avait qu'un seul four ; aujourd'hui trois usines dans Paris, occupant plus de 50 fours et fonctionnant tous les jours, ne suffisent pas toujours à la fabrication.

A cette date reculée, trois ouvriers, travaillant manuellement, suffisaient pour le travail journalier ; aujourd'hui elle en emploie plus de 500, secondés par de puissantes machines à vapeur qui, tout en les aidant dans la fabrication, les ont affranchis des travaux les plus pénibles.

**M. GUILLOUT**

La marche ascendante du chiffre d'affaires, dépassant aujourd'hui cinq millions de francs par année, prouve que la maison Guillout, en pleine prospérité, a su conserver la première place dans une industrie qu'elle a créée en France.

Il faut observer que cette industrie ne comprend pas seulement la fabrication du biscuit, mais embrasse aussi celle des petits fours, du pain d'épices et des articles secs, genre anglais.

Ce dernier produit, venant combattre la fabrication anglaise, a été l'objet des études spéciales de M. Guillout.

Les résultats obtenus permettent d'affirmer que le monopole de l'Angleterre n'existe plus en France. C'est pour M. Guillout une satisfaction personnelle et patriotique dont il peut, à juste titre, être fier.

La fabrication de ce genre de biscuits a nécessité l'installation d'une usine modèle, que l'on peut considérer comme unique dans son genre.

Située rue des Fourneaux, 68-70, rue Dutot, 9-11, cette usine occupe une surface de 6,000 mètres carrés.

Plus de 15 fours, de modèles spéciaux, construits d'après les plans et sous la direction de M. Guillout ; une installation perfectionnée de laminoirs, découpoirs, seringues. etc., — permettent la livraison journalière de plus de 4,000 kilog. de marchandises.

La fabrication des biscuits et pains d'épices est faite à l'usine spéciale, 18-20, faubourg du Temple et 58, rue de Malte.

Cette usine réunit tous les perfectionnements que les progrès de la science et de la mécanique ont permis d'apporter.

Les pâtisseries fines, les petits fours pour desserts et soirées, ainsi que les fruits glacés et la confiserie, sont fabriqués rue de Rambuteau, 116, et rue de la Réale, 2.

Le tableau ci-après donne un aperçu de l'immense production de cette maison.

La maison Guillout emploie annuellement :

| | |
|---|---|
| Œufs | douze millions |
| Sucre | 750.000 kil. |
| Farine | 820.000 — |
| Miel | 200.000 — |
| Amande | 60.000 — |
| Beurre | 12.000 — |
| Fruits | 25.000 — |
| Vanille | 500 — |
| Parfums | 2.000 — |
| Matières diverses | 25.000 — |

A l'Exposition universelle de 1878, M. Guillout était hors concours comme Membre du Jury ; à cette occasion, il fut décoré de la Légion d'honneur.

En 1883, à l'Exposition d'Amsterdam, M. Guillout reçut la médaille d'or ; son collaborateur, M. Guillout fils, reçut à son tour la croix de la Légion d'honneur.

A l'Exposition universelle de 1889, Membre des Jurys d'admission et d'installation, M. Guillout a été hors concours. Il avait été élu, dans sa classe, Président du Jury des récompenses.

A tous ces renseignements nous ajouterons, à titre de document complémentaire, le tableau du personnel occupé dans les trois usines de la maison Guillout :

De pareils chiffres établissent d'une façon évidente l'activité, l'organisation et le génie industriel du fondateur de la maison Guillout, dont les produits ont un caractère essentiellement populaire.

Les progrès continuels de cette maison ont été constatés à chaque époque par les premières récompenses officielles qui lui ont été décernées.

En 1849, médaille de bronze,
1855, médaille d'argent.
1867, médaille d'or.

Sur un effectif de 500 employés, ouvriers et ouvrières, on en compte :

9 ayant plus de 30 années de présence ;
6 ayant plus de 25 années de présence ;
17 ayant plus de 20 années de présence ;
40 ayant plus de 15 années de présence ;
Et 44 ayant plus de 10 années de présence.

Ces indications constituent la meilleure preuve à citer pour faire ressortir la bonne organisation d'une maison qui sait s'attacher ainsi son personnel.

VUE PANORAMIQUE DU NOUVEAU QUARTIER DES HALLES, DE LA POSTE & DE LA BOURSE DE COMMERCE

# HALLES ET MARCHÉS

## DE PARIS

# HALLES CENTRALES DE PARIS

Lorsque Paris était contenu tout entier dans l'île de la Cité, le marché Palu, situé sur le côté méridional de l'île, était le seul endroit où se vendaient les denrées. Plus tard, la ville s'agrandissant, un nouveau marché plus considérable fut établi sur la place de Grève, et subsista jusqu'en 1125 environ. Louis VI résolut alors, vu les besoins croissants de la population, d'installer un établissement beaucoup plus vaste que celui qui existait déjà et choisit dans ce but un terrain situé sur le chemin qui conduisait à l'abbaye de Saint-Denis (rue Saint-Denis). Ce terrain s'appelant de temps immémorial les *Champeaux*, le marché qui s'y tint en prit le nom. Il était situé sur l'emplacement circonscrit à peu près par les rues Saint-Denis, Baltard et de la Ferronnerie.

Jusqu'à Philippe-Auguste, les Champeaux subsistèrent ; mais ce roi conçut l'idée d'agrandir le marché de la Ville ; c'est alors qu'il construisit ce qui fut le berceau des Halles Centrales (1184). Ce n'était, à cette époque qu'une modeste enceinte, située aux Champeaux, comme le précédent marché, recouverte et entourée de murs, qui se fermaient la nuit. Des marchands de toutes sortes s'installèrent autour de la nouvelle Halle, si bien que chaque règne suivant dut l'agrandir. Sous Saint Louis, des drapiers, des lingères, des fripiers, des potiers, etc., avaient leurs boutiques dans les rues avoisinantes. C'était alors, non pas comme aujourd'hui, un endroit destiné à la seule alimentation, mais un vaste bazar où se trouvaient tous les objets nécessaires à la vie et où les étrangers même avaient leurs comptoirs.

A l'époque de François Ier, les anciennes Halles furent abattues et reconstruites sur de nouveaux plans plus conformes aux besoins du moment. Elles furent percées de rues et de voies de communication sous Henri II. Chaque corps de métier y en avait une attitrée, qui prit le nom de la corporation qui l'habitait, et nous voyons aujourd'hui encore quelques voies conserver leur ancienne appellation : telles les rues de la *Ferronnerie*, de la *Lingerie*, de la *Cossonnerie*. Le marché fut de nouveau entouré d'une galerie, formée de *Piliers*, auprès desquels se tenaient les différents marchands, afin qu'on put les trouver facilement ; une partie de cette galerie existait encore, sous le nom de *Piliers des Halles*, avant la construction des Halles actuelles. Les uns se trouvaient rue Baltard, et les autres suivaient sensiblement l'une des allées perpendiculaires à la rue de Rambuteau.

Pour l'exécution de ces grands travaux, on dut faire disparaître un des plus vieux quartiers de Paris. Tout l'emplacement, occupé aujourd'hui par les grandes constructions en fer que nous voyons, était couvert de rues et de vieilles maisons qui le réunissaient à la rue de Rambuteau, à la rue Saint-Denis et aux rues environnantes.

Il n'y avait pas que la place de Grève qui eût le privilège de posséder un monument patibulaire ; d'autres endroits, la Halle entre autres, en avaient un. Le Pilori de la Halle était celui du Roi, le plus célèbre, car c'est là que s'exécutaient les sentences royales ; il se trouvait auprès de la rue de la Cossonnerie actuelle. Il se composait d'une tour octogonale sur laquelle s'élevait une construction en bois, tournant sur un pivot et munie d'ouvertures circulaires au travers desquelles le patient passait la tête et les mains. Le malheureux condamné restait ainsi un temps plus ou moins long exposé à la vue du peuple. Auprès du pilori se trouvait un échafaud. Plusieurs grands personnages furent cloués à ce pilori : en 1409, Jean de Montaigu, trésorier du roi Charles VI ; en 1413, Des Essarts, prévôt de Paris, qui s'était tourné du côté des Armagnacs ; en 1477, Jacques d'Armagnac, un des chefs de la faction connue sous le nom de *Ligue du bien public*, qui fut décapité après avoir été enfermé à la Bastille dans une cage de fer.

Le pilori des Halles disparut en 1786.

Bien des faits politiques se sont passés aux Halles, à cause de la population de marchands et d'artisans qu'elle contenait ; bien souvent des batailles y eurent lieu entre les marchands et les écoliers, qui venaient là en armes dérober ce dont ils avaient besoin ; pendant la Fronde, les Halles eurent une notoriété plus grande au point de vue politique, et on se souvient que le duc de Beaufort, petit-fils d'Henri IV, se faisait appeler le *Roi des Halles*.

Comme dans tous les quartiers populeux et travailleurs, les nouvelles, bonnes ou mauvaises, y étaient commentées avec vivacité ; en même temps qu'on y échangeait des marchandises, on y causait des affaires du jour. C'était aux Halles qu'on pouvait se rendre

pect dans leur ensemble ; des modifications de détails seules y furent exécutées : mais à cette époque des travaux d'agrandissement, qui furent continués sous la Restauration et la monarchie de Juillet, furent entrepris. La population de Paris s'augmentant de plus en plus, les Halles se trouvèrent encore une fois être trop petites et insuffisamment agencées pour la consommation journalière de la Ville.

C'est en 1842 que M. de Rambuteau, préfet de la Seine, conçut l'idée première des Halles actuelles. Il en confia l'étude à l'architecte Victor Baltard, et le 25 septembre 1850, Louis-Napoléon

**Un Pavillon des Halles Centrales**
Gravure extraite du *Guide - Album de Paris*
par Constant de Tours

**Les arrivages, Rue du Pont-Neuf**
Gravure extraite du *Guide - Album de Paris*
par Constant de Tours

compte de l'opinion publique des bourgeois de Paris ; c'est là que les princes ou les agitateurs populaires venaient haranguer le peuple dans les temps de guerre civile ; le parti des Bourguignons, formé par les bouchers, se recruta d'abord aux Halles ; un grand nombre d'épisodes de la tentative d'affranchissement du peuple parisien essayée par Etienne Marcel, prévôt des marchands en 1358, se déroulèrent aux Halles. Les *Dames de la Halle* avaient certaines prérogatives ; elles offraient, dans les occasions solennelles, des bouquets au roi et à la reine et étaient alors admises à dîner à Versailles (XVIIᵉ siècle). Sous la Révolution, on vit les femmes de la Halle aller chercher le roi Louis XVI à Versailles, les 5-6 octobre 1789, espérant ainsi ramener le bien-être dans la ville ; elles vinrent demander, en 1793, la proscription des Girondins à la Convention. Peu à peu, la politique disparut des Halles, et, après la Révolution, les Halles furent exclusivement consacrées au commerce.

Jusqu'à Napoléon Iᵉʳ, les Halles ne changèrent guère d'as-

Bonaparte, président de la République, posait la première pierre d'un des pavillons, près de Saint-Eustache, celui qu'on appelle le *Fort de la Halle*.

Les anciennes constructions devaient être démolies et remplacées par douze grands pavillons construits en fer et aménagés conformément aux règles de l'hygiène publique et des commodités de la vente. En 1856, les six pavillons de l'Est étaient achevés. Quatre pavillons à l'ouest furent construits quelques années après, et complétèrent le plan d'ensemble, en donnant aux Halles l'aspect qu'elles revêtent actuellement. L'établissement des Halles Centrales a coûté environ 50 millions.

Les pavillons sont séparés les uns des autres par de larges voies recouvertes, permettant aux voitures d'aller de l'un à l'autre. Dans chacun d'eux se trouvent installés des boutiques, des *places*, où se tiennent les marchands de fruits, de poissons, de légumes, les bouchers, etc., etc.

## MARCHÉ AUX PLANTES MÉDICINALES

Il existe aux Halles un Marché aux plantes médicinales indiquées fraîches et sèches.

Ce Marché se tient rue de la Poterie-des-Halles. Il a lieu les mercredis et samedis, l'été jusqu'à 8 heures du matin, l'hiver jusqu'à 9 heures.

# LES HALLES EN 1889

M. Victor Meusy est un des habitués du fameux cabaret du *Chat Noir* ; c'est un poète de la nouvelle école, qui vient de publier un volume sous le titre : *Chansons d'hier et d'aujourd'hui*. M. Levesque a illustré cette œuvre de charmants dessins dont les sujets, hommes et choses, ont été pris sur le vif.

Ames virginales,
Etant matinales,
Vous pouvez aux Halles
Régaler vos yeux.
C'est à l'heure brève
Où la nuit s'achève,
Dès que le jour crève
Son manteau brumeux

Quand le gaz clignote
Sa flamme pâlotte.
Quand l'homme en ribote
Chemine incertain,
En passant, on frôle
Plus d'un affreux drôle,
Acteur dont le rôle
Finit au matin.

La houleuse troupe
Des mangeurs de soupe
Où l'on a sa coupe,
Moyennant *deux ronds*.
L'aube claire irise
La loque indécise,
Redingote grise
Des vieux vagabonds.

Maître du bitume,
L'intrigant légume
Encombre et parfume
Le sol trop glissant.
Et chaque marchande
A sa plate-bande,
Qu'elle recommande,
Aux pieds du passant.

Est-ce une baguette
De fée en goguette
Qui, prompte et muette,
Vient tout arranger ?
Etrange campagne,
Pays de cocagne
Dont chaque montagne
Est bonne à manger !

Succulentes choses
Aux jardins écloses,
Des mamelons roses
De mignons radis.
Et, sur les estrades,
Des monts de salades ;
Pour les gens malades
C'est le Paradis !

Poireaux, herbes fines,
Tomates sanguines,
Brunes aubergines
A peau de satin.
Potiron énorme,
Majesté Difforme,
Attendant sous l'orme
Son royal destin.

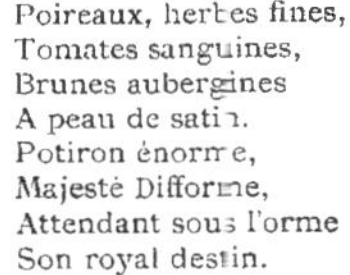

Les choux, les carottes,
Les navets en bottes,
Gardent dans les hottes
La fraîcheur des champs
Au loin, la Volaille,
Ventre dans la paille,
S'enhardit et braille
Des appels touchants.

Vrai jardin de Flore
Chaque jour l'aurore,
Ici, voit éclore
Des fleurs à foison.
Frais lilas en branche,
Aubépine blanche,
Jasmin ou pervenche,
Suivant la saison

Près du beurre en cône,
Au reflets d'or jaune,
Le fromage trône
Sur un reposoir.
Le trop vieux s'étale,
Le pourri détale
Et de dalle en dalle
Gagne le trottoir.

Mais l'odeur plus forte
Que la brise apporte,
C'est la vague morte
Au pied des brisants.
Les senteurs salines
Des algues marines,
Linceuls des sardines
Aux ventres luisants.

Sous des formes vagues
D'anguilles en bagues
S'agitent les dagues
Des homards râlants.
Derrière un mollusque
Le crabe s'embusque
Et, d'un geste brusque,
Pince les merlans.

Le Veau qu'on accroche
Tout prêt pour la broche,
L'entrecôte proche
Des gras aloyaux ;
L'éternelle ruse
Des os qu'on refuse,
La mine confuse
Des bouchers loyaux.

Le plein jour arrive ;
Sa lumière vive
Éveille et ravive
Les cris des vendeurs.
La foule se presse,
Marchandant sans cesse,
Et guettant la baisse
Des chères primeurs.

Des bourgeoises lentes,
Des filles galantes,
Des vieilles branlantes
Traînant leurs cabas,
Des gens en toilettes
Faisant leurs emplettes,
Des bonnes replètes
Marchant sur leurs pas...

C'est à l'heure brève
Où la nuit s'achève,
Dès que le jour crève
Son manteau brumeux
Ames virginales,
Etant matinales,
Vous pouvez aux Halles
Régaler vos yeux.

**Victor Meusy.**

# TYPES DIVERS DE REVENDEURS

Tout le monde ne peut aller s'approvisionner aux halles et aux marchés. Il existe pour les ménagères des intermédiaires qui bravent la pluie, la neige et le soleil et qui, par leurs cris baroques annoncent leur passage dans les rues.

Tels sont le marchand de mouron, la marchande au panier et le marchand, dit de quatre-saisons, ce dernier médaillé, s'il vous plait, et commissionné par la Préfecture de la Seine, enfin le marchand d'huîtres, un aristocrate celui-là, puisque sa saison ne dure que sept à huit mois.

Ces quatre dessins, extraits de « Vingt jours à Paris », par Constant de Tours, édités par la maison Quantin, sont, on le voit, des plus réussis.

### Le Marchand de mouron.

Est généralement un pauvre hère, ainsi que l'indique son costume frangé par l'usage. Dans ce métier, les journées de recettes de cinq francs sont rares. Son cri : *Du mouron pour les petits oiseaux!* est très modulé. Il fait apparaître les grisettes aux croisées et les concierges sur le seuil des portes. C'est là sa principale clientèle.

### La Marchande au panier.

Est souvent mère de famille et toujours aspirante à la médaille qui ne s'obtient que difficilement. Elle vend rarement des fruits et des légumes. Le poisson lui offre plus de bénéfices. C'est d'une voix enrouée qu'elle annonce : *Harengs qui glacent, glacent! Harengs nouveaux, Merlans à frire, frire! Il arrive, il arrive le maquereau!*

### Marchand de quatre-saisons.

Lui, est médaillé et autorisé, comme nous l'avons dit. Il n'est pas misérable. Sa compagne le supplée souvent pour pousser la voiture et le cri : *Des pommes de terre, des pommes de terre! La Hollande au boisseau!*

### Marchand d'huîtres

La vente n'a lieu que pendant les mois de septembre à avril, les mois avec *r*. Il se repose les autres mois ou se fait marchand de fruits et primeurs.

Son cri est :

*Cancales à la barque, huit sous la douzaine!*

# MARCHÉ AUX BESTIAUX

## (PARIS — LA VILLETTE)

La plus ancienne origine qu'on puisse attribuer au Marché aux bestiaux paraît remonter au XIV° ou au XVI° siècle. A cette époque, en effet, se tenait le long de la Seine, sur l'emplacement occupé actuellement par le quai de Gesvres, au coin de la rue Planche-Mibray, aujourd'hui rue Saint-Martin, un Marché aux veaux. Ce Marché était très vieux, puisqu'on retrouve, parmi les noms des anciennes rues de Paris, celui de rue de la Vieille-Place-aux-Veaux, qui occupait la place des maisons situées entre le quai de Gesvres et l'avenue Victoria.

Ce Marché aux veaux resta en cet endroit jusqu'en 1646, année où il fut transféré, en vertu d'une ordonnance royale, un peu plus loin, le long de la Seine, sur le quai des Ormes. Il demeura en ce lieu jusqu'en 1774.

Des lettres patentes, signées par Louis XV en 1772, et enregistrées au Parlement l'année suivante, portent :

« ..... Nous avons agréé, approuvé et autorisé la vente qui a été faite de l'enclos des Bernardins, aux sieurs Regnaudet, de Ronzières, Damiens, Lenoir et Benoist Sainte-Paule, par acte passé devant Paulmier, notaire à Paris, le 30 mai dernier. Ordonnons qu'à l'avenir le Marché aux veaux sera tenu dans ledit enclos des Bernardins, sur lequel il sera percé des issues et disposé des rues..... Ordonnons, en outre, qu'il sera construit sur ledit terrain une halle couverte et des étables dans le lieu jugé suffisamment grand et convenable à cet effet par ledit lieutenant de police ; que le service qui a rapport à ce Marché sera fait par lesdits sieurs Rouzières, Regnaudet, Damiens, Lenoir et Benoist Sainte-Paule ou gens par eux proposés exclusivement à tous autres, moyennant le prix qui sera fixé par ledit lieutenant de police pour leur servir de dédommagement, loyer et salaire, pour l'emplacement et construction dudit marché. »

Cet enclos des Bernardins, dépendant du couvent du même nom, était situé sur l'emplacement du boulevard Saint-Germain et des maisons qui le bordent à droite, entre les rues de Pontoise et de Poissy.

Les ci-dessus dénommés vendirent leur privilège au mois de juillet 1773 à un sieur Cintry, qui fit construire par l'architecte Lenoir, dit le Romain, le Marché en question. C'était un vaste parallélogramme à pans coupés, au milieu duquel se trouvait un espace découvert, orné de deux fontaines ; aux quatre coins s'élevait un pavillon réservé aux agents. Les parties couvertes servaient de grenier à fourrage.

La Halle aux veaux, inaugurée le 28 mars 1774, avait une superficie de 2,300 mètres carrés et ne disparut définitivement que lors de la création du Marché aux bestiaux de la Villette.

De chaque côté du Marché furent tracées deux rues qui, d'abord sans dénomination, reçurent le nom de Poissy et de Pontoise, en 1806, en raison des bestiaux fournis par ces deux villes.

Jusqu'en 1784, la Halle aux veaux resta propriété privée ; mais Louis XVI en fit l'acquisition, au nom du domaine, au sieur Happey, qui reçut en échange une forte indemnité ; puis, en 1806, la Ville de Paris devint possesseur de l'établissement en vertu d'un décret impérial.

Mais il y avait, au siècle dernier, d'autres Marchés aux bestiaux, ceux de Sceaux et de Poissy, ville située à quelques kilomètres de Paris, où se vendaient des bœufs, des moutons, etc. Ces deux endroits avaient été choisis parce qu'ils se trouvaient aux portes de la ville et que le bétail qui, à cette époque, venait à pied des provinces, pouvait s'arrêter et se reposer avant d'entrer dans la grande ville.

L'un, celui de Sceaux, se tenait entre cette ville et Bourg-la-Reine, en un endroit appelé le pavé de Sceaux, et recevait tous les bestiaux venant du centre de la France ; l'autre, celui de Poissy, établi le 18 décembre 1700, servait d'entrepôt aux bœufs, veaux ou moutons venus du Nord et de la Normandie. Le premier de ces Marchés est aujourd'hui disparu ; quant au second, il a beaucoup perdu de son importance depuis l'établissement des chemins de fer qui apportent directement à Paris le bétail nécessaire à la consommation parisienne. Et ce n'est guère que vers la seconde moitié du présent siècle que ces deux Marchés ont cessé d'approvisionner la Ville, car encore à cette époque peu éloignée le Marché de Sceaux était florissant.

La population de Paris augmentant, on reconnut la nécessité d'établir de nouveaux Marchés aux bestiaux plus à la portée des bouchers. C'est ainsi qu'on créa, concurremment avec les Marchés de Sceaux et de Poissy, qui appartenaient aux villes, les Halles aux veaux, à la fin du XVIII° siècle.

En 1803, une ordonnance de police décida la création de deux Marchés aux vaches destinées à être vendues pour être abattues et livrées à la consommation : l'un se tenait rue des Grésillons, au Roule, l'autre sur une partie de l'emplacement du Marché aux chevaux. Quatre ans après, en 1807, ces deux Marchés furent réunis à la Halle aux veaux.

Déjà, en 1801, avaient été établis, l'un à la Chapelle-Saint-Denis et l'autre à la plaine des Sablons, à Neuilly, deux Marchés aux vaches laitières qui, elles, d'après l'ordonnance de police, ne devaient pas être achetées pour être abattues, mais pour la production du lait. Le Marché des Sablons fut transféré en 1802 à la Maison-Blanche (Gentilly).

De plus, il n'était permis aux marchands qui amenaient leur bétail à Paris, soit de Sceaux, soit de Poissy, de circuler dans la ville que sous certaines conditions énoncées dans une ordonnance de 1803, et dix endroits, dans différents quartiers, leur étaient spécialement affectés pour faire stationner leurs bêtes pendant qu'avait lieu le triage et le partage entre les divers bouchers.

Jadis les bouchers de Paris, qui formaient une puissante corporation et qui avaient des rues déterminées pour ouvrir leurs étaux, abattaient eux-mêmes les bestiaux destinés à la consommation journalière, comme cela se fait encore aujourd'hui dans les campagnes. Des cours des boucheries on entendait les beuglements des bœufs et des veaux ; le sang coulait au milieu des rues et se répandait sur la chaussée. Une odeur nauséabonde empoisonnait ces quartiers affectés aux bouchers et étaient souvent cause de terribles épidémies. Il en était ainsi dans la rue de l'École-de-Médecine, autrefois rue des Boucheries, et incorporée aujourd'hui dans le cours du boulevard Saint-Germain ; de même dans les environs de la Tour Saint-Jacques, seul reste de l'ancienne église Saint-Jacques-la-Boucherie, ainsi nommée en raison des bouchers qui habitaient les rues avoisinantes.

Cet état de choses dura jusqu'à la création des premiers abattoirs sous l'Empire. Un décret de 1811 créa cinq abattoirs : à Vaugirard, à Popincourt, à Ivry, au Roule et à Montmartre ; tous, à part ceux de Vaugirard et de Villejuif (Ivry), disparurent lors de la construction des grands abattoirs de la Villette, décidés en 1859. Cet immense établissement, construit sous la direction de M. Baltard, architecte, occupe, avec le Marché aux bestiaux de la Villette qui lui est adjoint, une superficie de quarante-cinq hectares, car en même temps qu'on centralisait l'abattage des bestiaux, en un seul endroit, on supprimait tous les Marchés spéciaux pour les réunir en un seul. C'est là qu'arrivent de tous les points de la France directement par le chemin de fer de Ceinture les bœufs, les moutons, les porcs qui, achetés par les bouchers ou les charcutiers, sont conduits à l'abattoir où ils sont assommés ou saignés, écorchés et dépecés, puis livrés aux détaillants.

La base de l'alimentation parisienne en viande est formée par le bœuf et le mouton. Qu'on nous permette quelques mots sur ces deux animaux.

« Le mot *bœuf*, dit le grand Cuvier, désigne proprement le *taureau* mis hors d'état de se reproduire ; dans un sens plus étendu il désigne l'espèce entière dont le taureau, la vache, le veau, la génisse et le bœuf ne sont que différents états ; dans un sens plus étendu encore il s'applique au genre entier qui comprend les espèces du bœuf, du buffle, du yak, etc. »

On connaît assez le bœuf pour que nous n'ayons pas besoin d'en faire la description ; mais nous donnerons quelques renseignements sur son origine. De tous temps on a vu le bœuf être soumis à l'homme ; aussi a-t-il été impossible jusqu'à ce jour de déterminer à quel genre appartient le bœuf domestique. Pendant longtemps on a cru que l'*Aurochs* était la source de notre race bovine ; mais sa conformation anatomique comparée à celle du taureau a permis de dire qu'il n'en était pas ainsi. En somme, on ignore si notre bœu domestique est un genre spécial de la race bovine en général, ou bien s'il est un produit obtenu par la sélection. Les bœufs que l'on rencontre dans les pampas de l'Amérique méridionale, descendants des bœufs d'Espagne, sont restés tels après trois cents ans de liberté.

Sans nous arrêter plus longtemps à ces considérations historiques, nous mentionnerons les différentes races bovines produites dans notre pays.

En France, à l'encontre de l'Angleterre où le bœuf ne travaille pas, le taureau seul est exempt de labeur, et cette prérogative est due à son emploi pour la reproduction ; quant aux bœufs propre-ment dits, ils sont employés en agriculture, soit au labour, soit au transport ; ce n'est qu'après avoir tracé le sillon ou tiré la charette pendant quelques années que le bœuf est engraissé pour être livré à l'abattoir.

La première race, comme travailleuse, est celle formée par les *bœufs de Garonne*, grands et vigoureux ; les vaches travaillent aussi, et ont très peu de lait. Puis viennent le bœuf d'*Auvergne*, le bœuf du *Charollais*, le bœuf du *Poitou*, le bœuf du *Limousin* et du *Nivernais*. Toutes ces races fournissent aussi de la viande de boucherie.

La *race normande* est spécialement élevée pour la boucherie ; de même, la race *bretonne*, qui paraît être restée telle qu'à l'époque Gauloise et qui a ses plus purs sujets dans la Basse-Bretagne. Et même les paysans bretons donnent encore à leur bœuf le nom de *boudiche*, et ce mot indien semble bien indiquer la communauté d'origine de la bête et de l'homme, car on n'ignore pas que les premiers Celtes sont venus des hauts plateaux de l'Asie.

Il y a encore d'autres races bovines, mais elles sont spécialement élevées pour la production du lait : elles sont représentées par la vache normande, la vache bretonne, la vache flandrine, etc.

Quant au mouton, qui appartient comme le bœuf au genre ruminant, on pense qu'il descend de l'*Argali* ou mouton de Corse, du moins à l'état domestique.

Il y a de nombreuses races ovines en France, et on les classe, soit d'après la longueur et la qualité de leur laine, soit d'après les provinces qui les produisent. Ainsi, on cite les races bretonne, flamande, angevine, picarde, etc., selon qu'elles proviennent de la Bretagne, de la Flandre, de l'Anjou, de la Picardie, etc., pour leur laine grossière. La race Roussillonnaise produit une laine meilleure, de même que le mouton provençal, dont la viande est particulièrement recherchée. La race *Mérinos* ou *mérine* est la supérieure au point de vue de la laine, mais elle n'est pas indigène. Elle a été introduite en Espagne d'abord, vers le XIe siècle, par les Maures, et chez nous, en 1766, par le naturaliste Daubenton, qui en éleva un troupeau dans son domaine de Montbard. Depuis, le mérinos s'est très bien acclimaté en France, où il existe dans toutes les provinces.

Ainsi la nourriture de l'homme s'accommode essentiellement du bœuf et du mouton, ces deux antithèses de la nature, pourrions-nous dire : l'un représentant la force, l'autre la faiblesse, mais aussi tous deux la douceur, car qui n'a pas été frappé de l'expression de bonté qu'on trouve dans le regard de ces hôtes de nos pâturages ! Et pourtant l'homme, barbare par nécessité, immole sans regrets ces paisibles habitants de nos champs ; il y est poussé par la nécessité, par la nature ; que ses nourrisseurs ne lui en veuillent pas !

En même temps que les Marchés de Sceaux et de Poissy, de légendaire mémoire, étaient supprimés, on inaugurait, le 22 octobre 1867, ce gigantesque garde-manger du ventre de Paris qui s'appelle le Marché de la Villette.

Les nombreux touristes étrangers qui le visitent chaque jour, avec le vif intérêt qu'ils ne dissimulent pas, proclament hautement que ce marché mérite en tout point sa réputation universelle et qu'aucun autre en Europe ne pourrait lui être comparé.

Ils admirent l'ampleur qui a présidé à une aussi large conception, en même temps que la hardiesse et la symétrie, ensemble confondues dans ce travail gigané que précède, en l'harmonisant encore, une large esplanade

Légende : 1. Pavillon central et pavillon de l'inspecteur général. — 2. Arrivage d'un train de bestiaux. — 3. Lot de bœufs. — 4 Intérieur du pavillon des moutons. — 5. Boucher tuant un bœuf. — 6. Chargement des viandes à l'abattoir. — 7. Cour centrale de l'abattoir.

aux bassins jaillissants et aux fontaines monumentales (ancien Château-d'eau).

Mais si l'on a fait grand, grandiose et véritablement beau, une solution essentielle se faisait impérieusement sentir, afin d'éviter toute confusion possible dans un tel marché, ou souvent 40,000 têtes de bétail sont en même temps exposées pour quelques heures seulement, et où chacune d'elles occupe la place qui lui a été préalablement assignée.

Sans doute les dispositions matérielles de l'aménagement n'ont pas peu contribué à résoudre cette importante question ; mais l'ordre et la ponctualité qui résident dans les services de l'Administration, aussi bien que dans l'exécution des règlements sagement préconçus, parachèvent cette œuvre, par une célérité vraiment surprenante, sans préjudice causé à la sécurité des visiteurs.

Envisagé sous un autre point de vue, ce Marché offre encore un bien vif attrait pour beaucoup d'observateurs.

N'est-il pas, en effet, l'expression vivante d'une page toujours ouverte de notre géographie agricole par la multiplicité des races ou sous-races applicables à chacun de nos départements producteurs et même à beaucoup de contrées étrangères qui contribuent à notre approvisionnement ?

Pour un œil exercé, cette observation n'est pas simplement bornée à la distinction des provenances ; mais encore il est facile de lire sur ces inconscients produits l'abondance ou la disette des récoltes fourragères de toute une région, la sagesse ou le degré d'incurie apporté dans l'éducation et les soins donnés au bétail, le progrès ou le défaut de la sélection ou dans le croisement des races, etc.

Autant de propositions attractives pour tout connaisseur aimant l'agriculture. C'est une clinique complémentaire mise à portée de nos élèves vétérinaires d'Alfort, qui en usent d'ailleurs quelquefois.

Mais si, déjà, par l'intuition, ce Marché modèle nous procure largement tant de motifs à la réflexion et à l'étude de nos progrès agricoles réalisés, n'oublions pas toutefois que, par son essence propre, il est surtout le champ de pacifique combat entre le producteur et cette nombreuse milice retranchée sous la dénomination du consommateur.

**Les arrivages.** — Depuis un décret de 1810, la circulation du bétail en troupe est interdite dans les rues de Paris, et cependant notre Marché actuel est établi, *intra muros*, sur une étendue de trente-trois hectares de terrain, ayant la forme d'un quadrilatère limité par le boulevard Sérurier, la route d'Allemagne, la rue du Dépotoir et le canal de l'Ourcq.

Une ramification du chemin de fer de Ceinture vient, à chaque heure du jour et de la nuit, déverser sur le Marché même, en gare dite de Paris-Bestiaux, ces continuelles cargaisons de l'approvisionnement.

Les animaux sont adressés soit à des commissionnaires, qui sont chargés de la vente, soit à des bouviers connus sur la place, soit aux propriétaires eux-mêmes, s'ils peuvent se trouver au débarquement pour en prendre livraison.

Du quai de débarquement jusqu'aux préaux de mise en vente ou dans les bouveries et bergeries, la conduite est confiée à des placiers médaillés, seuls accrédités pour cet office.

Les taureaux ne peuvent nullement circuler sur le Marché autrement qu'attachés par deux cordes solides, derrière une voiture, et les veaux sont transbordés au moyen des fourgons spéciaux.

La régie du Marché fournit du fourrage et de la paille à des prix déterminés et conformes aux décisions préfectorales, renouvelées tous les trois mois.

**Clientèle.** — La clientèle du Marché est la boucherie en gros de Paris, celle de la banlieue et de la campagne pour tout le rayon parisien jusqu'à une étendue circonscrite de 80 kilomètres environ.

En outre, Rouen et certaines villes du Nord, voire même la Belgique, l'Allemagne et la Suisse, y font d'importants achats, notamment au grand marché du lundi.

**Les ventes.** — Les heures d'ouverture et la clôture des ventes sont réglées ainsi qu'il suit :

1° Pour les taureaux, de 10 heures du matin à 2 heures 1/2 de relevée ;

2° Pour les veaux et les porcs, de 10 h. 1/2 du matin à 2 heures de relevée ;

3° Pour les bœufs et les vaches, de 10 h. 1/2 à 2 h. 1/2 de relevée ;

4° Pour les moutons, de midi à 3 h 1/2 de relevée.

Pour la régularité du commerce, nulle transaction ne peut avoir lieu sur la place, en dehors de la durée respective afférente à la vente de chaque espèce de bétail.

Aussitôt qu'une transaction a été opérée, l'acheteur imprime sur sa marchandise la marque qui lui est particulière, et à partir de ce moment il est désormais seul responsable par cet acte qui constitue sa prise de possession. A moins de condescendance de la part du vendeur, le paiement est exigible dès le moment où la marque d'achat a été effectuée et l'enlèvement de la marchandise peut être aussitôt opéré.

Dans le débat des transactions, le vieux langage commercial est encore familier sur la place. (L'écu de 3 francs, la pistole de 10 fr. et le louis de 24 fr.)

Les propriétaires peuvent vendre eux-mêmes leurs bestiaux ; mais le plus ordinairement la vente est confiée à des commissionnaires qui connaissent mieux les clients à qui peut convenir telle où telle marchandise offerte selon la qualité, la provenance, le poids, etc., etc.

A la clôture des ventes, tout bétail qui n'a pas trouvé preneurs est réintégré en bouveries, bergeries et porcheries jusqu'au marché suivant.

Troupeau de bœufs conduits au Marché

# MARCHÉ AUX CHEVAUX

## Boulevard Saint-Marcel et boulevard de l'Hôpital

ADIS, au temps où Paris finissait au Louvre, s'élevait, non loin de la porte Saint-Honoré, une hauteur appelée la butte Saint-Roch, devenue plus tard la butte des Moulins, à cause des moulins à vent qui la surmontaient et qui ne disparurent qu'au milieu du XVII° siècle.

Lorsqu'en juin 1360 un édit royal eut chassé les marchands de porcs de Paris, ils vinrent établir leurs parcs sur le versant méridional de cette butte, entre le chemin qui fut dans la suite la rue d'Argenteuil et la ruelle Michaut Reignault, depuis rue Saint-Roch. On appelait cet endroit le Champ aux porcs. C'est en ce lieu que se tenait au XVI° siècle le Marché aux chevaux. Il y demeura jusqu'en 1585, année où il fut transféré place des Tournelles, en vertu de l'ordonnance suivante : « De par les prévost des marchands et eschevins de la ville de Paris, on faict asseavoir que, suivant l'ordonnance de Sa Majesté, le marché aux chevaulx, qui a coutume de se tenir au marché des porcs, hors la porte Saint-Honoré, sera doresnavant, et à commencer du jourd'huy, tenu en la place des Tournelles, ainsi qu'il a esté autrefois, et affin que nul n'en prétende cause d'ignorance sera, la présente ordonnance, publiée à son de trompe et cry public où besoin sera. Faict au bureau de la ville, le 6° jour d'apvril 1585 »

Cette place des Tournelles, aujourd'hui des Vosges, avait été formée lors de la démolition du château des Tournelles, bâti au XIV° siècle et abattu par ordre de Catherine de Médicis après la mort de Henri II, tué dans un tournoi par Montgommery en 1559.

Le Marché aux chevaux ne resta que vingt ans place des Tournelles, et en 1605, il fut transféré en un terrain qui fait aujourd'hui partie du boulevard des Capucines.

L'année 1639 vit un nouveau déplacement de cet établissement, qui devint propriété privée. « Veu le placet présenté au roi par François Baraujon, son appotiquaire et vallet de chambre, dit une ordonnance, affin d'avoir permission et pouvoir de faire construire et restablir, le mercredy de chaque septmaine, un second Marché en l'un des faux bourg de ceste ville de Paris, comme Saint-Jacques, Saint-Victor ou Saint-Marceau, pour y vendre et exposer chevaux et autres bestiaux à pied fourché, etc., sommes d'avis, après avoir faict descente sur les lieux et au fauxbourg Saint-Victor, à son bout près la Croix-de-Clamart, que le marché que prestend établir ledit Baraujon soit faict et construict audit lieu et au bout dudit fauxbourg proche la Croix-de-Clamart. — Faict au bureau de la ville, le 12° avril 1639 ».

Des lettres patentes, enregistrées au Parlement l'année suivante confirmèrent cet établissement. Il se composait de trois parties, plus un champ d'essai pour les chevaux, qui formaient une superficie de 17,000 mètres. La rue de l'Essai, qui existe encore de nos jours (boulevard Saint-Marcel et rue de Poliveau), fut percée au XVII° siècle et appelée ainsi au commencement du présent siècle, parce qu'elle se trouvait près du champ d'essai du marché dont l'entrée était à cette époque rue Maquignonne, aujourd'hui Geoffroy-Saint-Hilaire. « Une avenue plantée d'arbres conduisait au Marché aux Chevaux, dit M. Lefeuve. On y achetait le plus souvent un cheval quand on avait quelque voyage à faire, et, s'il ne crevait pas en route, on le ramenait, avec un autre bouchon de paille à la queue... C'était marché tous les mercredis et samedis depuis trois heures de l'après midi jusqu'au soir. »

On y vendait, outre des chevaux, des ânes, des mules et même des bestiaux destinés à l'alimentation, notamment des porcs.

Gombourt indique, en effet, sur son plan ce lieu sous le nom de Marché aux cochons et aux chevaux.

En 1760 fut construit, à l'entrée du Marché aux chevaux, un pavillon d'un étage destiné à l'agent chargé de la surveillance des opérations.

On peut le voir encore aujourd'hui au n° 5 de la rue Geoffroy-Saint-Hilaire, conservé tel que lors de sa construction.

Mais le Marché aux chevaux, qui était propriété privée depuis son installation au faubourg Saint-Marceau, devait être, par sa destination, établissement public ; c'est ce qui eut lieu en 1787.

Par acte passé devant M° Gérard, notaire à Paris, le 7 septembre de ladite année, les terrains occupés par le Marché furent acquis, au nom de l'État, des époux Guillote. Concédé à la Ville de Paris par décret du 30 janvier 1811, il fut ensuite affermé et redevint propriété de la Ville en 1850, chose qu'il n'a pas cessé d'être depuis lors.

Indépendamment de son affectation spéciale, le Marché aux chevaux vit transférer, dans son enceinte, en 1687, l'Estrapade.

L'estrapade était une punition corporelle infligée aux soldats sous l'ancienne monarchie, qui ne fut supprimée définitivement que sous Louis XVI.

On appelait aussi de ce nom la machine qui servait à appliquer ce châtiment barbare. C'était une haute potence en bois, à l'extrémité de laquelle était une corde mue en bas par une manivelle.

On attachait le malheureux patient à cette corde, on l'enlevait jusqu'au haut et on le laissait retomber un certain nombre de fois jusqu'à un ou deux pieds du sol ; après quoi, on le détachait plus mort que vif.

Lorsqu'eut lieu, sous le second Empire, la transformation du quartier Saint-Marceau et le percement du boulevard Saint-Marcel actuel, qui occupe une partie de l'ancien Marché aux chevaux, celui-ci fut transféré boulevard d'Enfer, mais provisoirement, car on devait le reconstruire à la place qu'il occupe actuellement, à l'encoignure des boulevards Saint-Marcel et de l'Hôpital.

C'est aujourd'hui un magnifique établissement, enclos d'un mur surmonté d'une grille et parfaitement aménagé pour le genre de commerce qui s'y fait. Construit par M. Magne, architecte, il occupe une superficie de 17,000 mètres et a son entrée, formée d'une double grille située entre deux pavillons réservés aux agents du domaine, boulevard de l'Hôpital, n° 50. Il a été ouvert le 21 mars 1878.

Le Marché aux chevaux ne se tient pas tous les jours de la semaine, mais seulement les mercredis et les samedis, depuis midi jusqu'à des heures variables, suivant les mois de l'année. Ainsi, en novembre, décembre, janvier et février, la fermeture a lieu à 4 heures 1/4 ; en mars, avril, septembre et octobre, à 6 heures, et en mai, juin, juillet et août, à 7 heures.

Les chevaux entiers, les mulets et les chevaux hongres sont parqués dans le côté nord du Marché, tandis que les juments sont réunies dans le côté méridional. Quant aux autres animaux, ânes, chèvres ou boucs, ils ont aussi leurs places attitrées.

En chevaux, ânes et mulets, le contingent annuel des animaux mis en vente s'élève à près de 50,000 têtes, dont 47,000 pour les chevaux seulement.

Le tarif des introductions est fixé comme il suit :

| | |
|---|---|
| Cheval ou mulet.......................... | 1 25 |
| Ane, bouc ou chèvre...................... | 0 50 |
| Voiture à 2 roues......................... | 1 » |
| Voiture à 4 roues......................... | 1 50 |
| Voiture à bras........................... | 0 50 |
| Essai d'attelage.......................... | 5 00 |

Les approvisionneurs de la place sont plus spécialement les marchands de chevaux des bonnes écuries de ville ou de banlieue et dont certains exposent, en bonnes espèces, de 25 à 35,000 francs de marchandises à chaque marché.

Toutes les races indigènes sont à peu près représentées ; mais toutefois les chevaux neufs de gros trait, de trait léger et les postiers prédominent. (Boulonnais, Cauchoix, Percherons, Ardennais, Normands et Bretons purs ou croisés.)

La clientèle habituelle du Marché comprend plus particulièrement : le gros commerce parisien ; la culture du rayon, les loueurs et, depuis plusieurs années déjà, bon nombre d'acheteurs étrangers (Belges, Allemands, Italiens).

De son côté la boucherie chevaline prélève 50 à 80 chevaux par marché, dans les catégories hors d'âge ou de tares prononcées.

Les chevaux de réforme militaire de la région sont adjugés à l'encan sous le contrôle d'un receveur des Domaines dans un pavillon ad hoc. Un autre pavillon de même modèle est réservé aux adjudications libres ou celles qui sont ordonnées par autorité de justice.

Depuis que le nombre de maisons sérieuses et recommandables est devenu plus considérable, la réputation du Marché a beaucoup gagné.

Il y a au Marché aux chevaux trois genres de ventes : celle à l'amiable : le marchand fait son prix, l'acheteur l'accepte ou le refuse ; celle par l'office du commissaire-priseur : alors il y a mise à prix d'un cheval et une ou plusieurs surenchères ; enfin, les ventes effectuées par la direction des Domaines, et qui concernent les chevaux réformés de l'armée.

Quiconque a un cheval ou un mulet, un âne ou un bouc à vendre, peut se présenter au Marché du boulevard de l'Hôpital, et après avoir payé au receveur la taxe afférente à l'animal qu'il conduit, offrir sa marchandise aux acquéreurs.

Il y a différentes places plus avantageuses les unes que les autres et qui sont distribuées sous certaines conditions ; ce sont les stalles qui peuvent contenir quatre, six ou huit chevaux. Elles sont accordées par l'administration, à titre gratuit, aux marchands qui, pendant l'année précédente, ont fait entrer au marché un certain nombre de chevaux. Ainsi, celui qui a payé la taxe pour cent chevaux a droit à une stalle de quatre places ; l'entrée de cent cinquante chevaux, donne lieu à la concession d'une stalle de six chevaux, et celui qui présente deux cents chevaux dans l'année est possesseur d'une stalle de huit places. Mais si le concessionnaire ne remplit pas dans l'année les conditions exigibles quant au nombre de têtes de bétail, il est dépossédé de ses avantages et la stalle occupée par lui est donnée à un autre. On peut se faire une idée par ce qui vient d'être dit de l'importance du trafic accompli au marché aux chevaux.

Le service administratif du Marché aux chevaux relève et de la Préfecture de la Seine et de la Préfecture de police. La première s'occupe exclusivement de la gérance au point de vue des droits à percevoir et a, pour la représenter, un vérificateur, des receveurs et des contrôleurs qui relèvent de la direction des affaires départe-

mentales. La seconde a pour mission d'assurer la bonne tenue du marché, l'ordre, et de contrôler l'hygiène des animaux présentés. A cet effet, un inspecteur est chargé spécialement de la surveillance et tranche les différents qui peuvent survenir soit entre marchands et marchands, soit entre marchands et acheteurs.

De plus, un vétérinaire relevant également de la préfecture de police examine chaque cheval, mulet ou âne, et constate l'état de leur santé.

Les marchands de chevaux qui fréquentent le marché ne sont pas des éleveurs, mais bien des trafiquants. Ils se rendent dans les pays de grande production, achètent sur place aux propriétaires et aux éleveurs les bêtes qui leur conviennent et les amènent à Paris où ils les vendent au public.

Les chevaux de gros trait sont fournis par les départements de la Seine-Inférieure, de la Sarthe, de l'Yonne, de l'Aisne, du Cher, d'Eure-et-Loir, de Seine-et-Marne et du Nord. Ceux de trait léger ou postiers proviennent de l'Eure, du Calvados, de l'Orne, de la Mayenne et de l'Ille-et-Vilaine. La cavalerie légère, chevaux de voitures de luxe, est formée par les produits venus des départements de la Manche, du Calvados et de l'Orne. Enfin, les petits chevaux, les poneys, arrivent de la Haute-Garonne, de la Camargue, des Landes et de la Corse.

On voit par l'énumération des lieux de provenance que nous venons de faire que la France est fertile en produits de la race chevaline. « Peu de pays, dit à ce sujet M. A. de Quatrefages, sont aussi heureusement dotés que notre patrie sous le rapport qui nous occupe (production des chevaux). Dès avant les conquêtes de César, les Romains connaissaient les chevaux gaulois et les estimaient autant que les célèbres coursiers de l'île de Crète. Les chevaux bretons passaient surtout pour être infatigables. Plus tard, lorsque nos chevaliers, armés de toutes pièces, recherchèrent des montures, à la fois fortes et agiles, ils tirèrent de la Normandie leurs chevaux de bataille. Dès cette époque aussi, la race limousine, si intelligente et si souple, fut recherchée comme monture de parade et eut le privilège de fournir aux nobles châtelaines leurs haquenées les plus élégantes. En même temps, se formait dans le Midi cette race qu'on cherche à rétablir de nos jours, la race navarrine, qui donne de si beaux chevaux de selle. Le Boulonnais et la Franche-Comté échangeaient contre les races de luxe que nous venons de citer leurs chevaux de traits si recherchés encore pour le service des messageries. L'Auvergne, le Poitou, la Bourgogne produisaient d'excellents bidets presque égaux aux forts chevaux de selle élevés dans le Roussillon, le pays d'Auge, le Forez, etc. Il faut bien le reconnaître, ce magnifique développement de l'espèce chevaline était dû, en majeure partie, aux grands vassaux qui tous possédaient de superbes haras pour la chasse et pour la guerre. »

Mais les productions de la race chevaline furent profondément entravées par les guerres ruineuses de Louis XIV, celles de la Révolution et surtout de l'Empire, car l'armée prit les meilleurs sujets qui s'en allaient mourir sur les champs de bataille. On dut se servir, pour la reproduction, d'étalons de rebut, ce qui influa beaucoup sur les qualités des produits obtenus. Depuis, la période de paix et de tranquillité relatives dont nous jouissons a quelque peu contribué au relèvement de nos races de chevaux. Nous en citerons quelques-unes pour mémoire.

Parmi les chevaux de gros trait, les plus renommés sont les *boulonnais*, ainsi appelés à cause des pays d'où ils proviennent. Leur taille varie de 1 m. 60 à 1 m. 70 et malgré leur grosseur et leur lourdeur, qui n'est qu'apparente, il peuvent fournir un excellent trot. Ce sont du reste les plus forts et les plus robustes, et ils sont spécialement employés par les carriers, les brasseurs et les meuniers.

Comme coureur, on se sert du cheval *percheron*, qui a pour la course d'excellentes qualités. Sa taille est un peu plus petite que celle de la race précédente et ne mesure que 1 m. 55 c. à 1 m. 60 c.

LÉGENDE : 1. Rampe d'essai des voitures de charge. — 2. Parc aux voitures. — 3. Chevaux sous abri. — 4. Piste.

Plein de sang et de courage il peut fournir une allure rapide, mais il est moins vigoureux que le cheval *breton* qui, plus petit, la taille maximum étant de 1 m. 50 c., est moins élégant et moins vif, mais résiste plus à la fatigue et est plus rebelle aux maladies.

Quant à la race *normande*, elle provient du croisement d'étalons anglais avec des juments de l'ancienne race du même nom, aujourd'hui presque disparue. Elégants, énergiques, pleins d'ardeur et d'allures très vives, les chevaux de cette espèce forment les beaux attelages de voitures de luxe, et sont employés dans l'armée.

Revenons encore pour quelques instants au Marché aux chevaux. Cet établissement n'est pas seulement affecté à la vente des animaux *traînants*, mais aussi à celle des choses *traînées*, c'est-à-dire des voitures. Seulement c'est surtout des véhicules de travail que l'on rencontre boulevard de l'Hôpital, bien que les voitures de luxe y aient aussi leurs entrées.

La taxe afférente à chaque genre est ainsi établie : pour une voiture à bras, 50 cent. d'entrée ; pour une voiture à deux roues traînée par un cheval, un âne ou un mulet, 1 franc ; pour celle à quatre roues 1 fr. 50 cent. Un essai d'attelage vaut 0 fr. 50.

Il arrive souvent que, pour une raison ou pour une autre, un propriétaire est obligé de laisser une voiture dans l'enceinte, bien que ça ne soit pas jour de marché ; dans ces conditions, le droit perçu est valable jusqu'au marché suivant avant midi, auquel cas, si la voiture n'est pas enlevée elle est soumise de nouveau à la taxe établie. Ainsi, une voiture entrant le mercredi, par exemple, paiera 1 franc ou 1 fr. 50 c. pour stationner le mercredi, le jeudi, le vendredi et le samedi jusqu'à midi ; mais, si ce jour là elle n'est pas enlevée, son propriétaire devra payer un nouveau droit, valable jusqu'au mercredi suivant.

Nous terminerons en disant qu'un genre tout spécial de vente a lieu au marché aux chevaux, c'est celui qui a trait aux chevaux destinés à être abattus pour servir à la consommation et approvisionner les boucheries hippophagiques. Les animaux dans ces conditions sont vendus et transportés à l'abattoir de Villejuif, où ils sont livrés aux bouchers.

# MARCHÉ AUX CHIENS

Le dimanche, de midi à 4 heures, pendant les mois de novembre, décembre et janvier et à 5 heures pendant les neuf autres mois de l'année, l'enceinte du Marché aux chevaux est réservée à la vente des chiens de toutes races, et cela dans des conditions sensiblement identiques à celles demandées pour les animaux de la race chevaline.

Pourtant la taxe à payer pour chaque tête entrant au marché n'est que de 0 fr. 15 cent.

## MARCHÉ AUX FOURRAGES

Rue de la Chapelle au pont de Soissons.

# LE MAIL (Port aux Fruits)

## MARCHÉ SUR LE PORT, QUAI DE L'HOTEL-DE-VILLE

E port aux fruits, appelé aussi le Mail, se trouve le long de la Seine au bas du quai de l'Hôtel-de-Ville, entre le pont du 28 février, ancien pont Louis-Philippe, et celui d'Arcole ou de l'Hôtel-de-Ville ; c'est là que se tient le marché aux pommes, poires, etc.

Les renseignements qui vont suivre sont empruntés à un remarquable rapport présenté par M. Alfred Lamouroux, au nom de la septième commission, en 1886, sur une pétition des marchands commissionnaires en fruits, réclamant l'établissement d'une taxe municipale sur les bateliers du Marché du Mail.

Les halles et marchés de Paris font l'objet préféré des études de M. Lamouroux ; il leur a consacré les recherches d'un véritable bénédictin et nous sommes heureux de rendre ici justice à l'exactitude de ses précieuses recherches.

M. Lamouroux se demande d'abord d'où provient cette antique dénomination.

On appelait Mail autrefois, dit-il, un vaste emplacement généralement planté d'arbres où l'on se livrait à une sorte de jeu, qui consistait à pousser une boule de buis avec un maillet à long manche à travers des cercles de fer, dont une moitié était enfoncée dans le sol ; ce jeu présentait donc une certaine analogie avec notre jeu de crockett.

Il était fort en honneur chez nos ancêtres et plusieurs emplacements y avaient été consacrés, un entre autres sur lequel on construisit, de 1633 à 1636, la rue du Mail, qui en perpétue le souvenir.

Henri IV avait fait établir au pied de l'Arsenal, le long du bras de la Seine, comblé en 1843, un Mail « avec ses allées et une petite pelouse où la petite bourgeoisie allait volontiers. »

Or, l'île Louviers, située vis-à-vis du Mail, était un lieu de dépôt pour faire les fruits, les bois de charpente et de menuiserie jusqu'en 1714, et le bras de la rivière qui la séparait de la terre ferme servait encore, en 1754, de gare pour les bateaux de fruits, dont la vente se faisait alors au port des Miramiones, actuellement port de la Tournelle.

De là vient le nom de Mail, qui a été conservé au port aux fruits, malgré ses migrations, comme celui de la Vallée a été consacré au Marché de la volaille, établi d'abord à la vallée de Misère, quai de la Mégisserie, puis transporté au quai des Grands-Augustins, et enfin au pavillon IV des Halles Centrales.

Au XVIIe siècle, les quais étaient bien plus vivants qu'ils ne le sont aujourd'hui, la Seine étant à cette époque, selon l'expression de Pierre de l'Estoile, la clé des vivres de Paris.

La création d'un marché spécial pour les fruits ne remonte pas au-delà des premières années du XVIIIe siècle, et l'édit de 1730 pour le rétablissement des charges et offices sur les quais, halles, foires et marchés de la ville de Paris, mentionne encore parmi les marchandises transportées par les quatorze officiers-forts du port St-Paul, les oranges, marrons et fruits.

La taxe arrêtée en 1720 par le bureau de ville et maintenue par cet édit porte :

FRUITS. — Pour toute sorte de fruits en greniers, 6 deniers ;
Pour chaque panier venant de Thomerie et autres lieux, 6 deniers ;
Pour un poinçon de fruits, 4 sols ;
Pour une caisse de fruits pesant trois cents ou environ, 4 sols ;
Pour une balle de marrons, 2 sols 6 deniers.

MARRONS. — Pour une tonne de marrons, 5 sols.

ORANGES. — Pour une caisse d'oranges ou citrons, 1 sol 3 deniers.

En 1754, c'est-à-dire une vingtaine d'années après, nous avons vu le Marché aux fruits établi au port des Miramiones, sur la rive gauche de la Seine, entre les ponts de la Tournelle et celui de l'Archevêché.

Ce nom de Miramiones provenait d'un couvent situé sur l'emplacement qu'occupe aujourd'hui la pharmacie centrale des hôpitaux, et qui avait été fondé par madame Beauharnais de Miramion, vers la fin du XVIIIe siècle.

Quant à l'établissement du port lui-même, nous trouvons, en parcourant l'histoire de Louis XIV, qu'en 1663 les sieurs de Bellefonds et du Pertuis obtinrent du Roi la permission de bâtir, à leur frais, deux ports, pour la vente et la décharge de vins, « du bois quarré », et d'autres marchandises, l'un entre le pont de la Tournelle et la maison des galériens, qui devait porter le nom de port de Bellefonds, et l'autre entre la porte Saint-Bernard et l'arche où passait la rivière des Gobelins, qui s'appellerait port du Pertuis.

Quoiqu'il en soit, le marché subsista sur la rive gauche jusqu'en 1850, époque à laquelle il a été transporté sur les ports de la Grève et des Ormes.

Jusqu'au règne de Louis XVI, le Marché du Mail était soumis aux réglements généraux de l'Ordonnance de 1672, dite « Ordonnance de la Ville concernant la navigation sur les rivières et le commerce des combustibles et des denrées alimentaires. » Mais les abus qui s'y étaient glissés nécessitèrent, en 1774, une première intervention du lieutenant de police.

Successivement, les ordonnances de police du 7 décembre 1787, 19 brumaire An IX, 20 octobre 1823, 10 octobre 1835 et 2 décembre 1850, ont réglementé ce Marché ; il est régi actuellement par l'ordonnance de police du 23 juillet 1851.

L'ordonnance de 1787 avait surtout pour but de prévenir le regrat, c'est-à-dire la revente des denrées, marché tenant, pour éviter leur renchérissement, et de sauvegarder les privilèges des bourgeois de Paris, en fixant les heures d'ouverture de « manière que les bourgeois puissent en tout temps et chaque jour de vente faire leurs provisions une heure avant les revendeuses. »

Les autres dispositions, qui ont trait au bon ordre, ont été reproduites plus ou moins complétement dans les ordonnances postérieures ; il en est ainsi de la défense « de se porter en foule et d'entrer avec presse et confusion dans les bateaux chargés de fruits, de fouiller dans les paniers, de gâter et endommager les fruits, d'en emporter aucuns hors des bateaux sans les avoir achetés et payés, d'injurier et de maltraiter les marchands ni les bourgeois

LÉGENDE : 1. Déchargement des pommes. — 2. Vente au détail. — 3. Vente en gros. — Vue générale du Marché sur le quai.

qui se présentent pour acheter, de causer aucuns troubles ou scandale » ; l'ordonnance de 1787 ajoute « de jurer ou blasphémer » il en coûtait alors vingt livres d'amende et l'emprisonnement immédiat, ès prisons de l'Hôtel de Ville, jusqu'à parfait paiement.

La nécessité de réprimer les abus et les besoins de la navigation obligèrent dans la suite le préfet de police à légiférer de nouveau ; l'emplacement réservé au commerce des fruits fut fixé d'abord à 100 mètres, renfermant tout l'espace compris « entre l'alignement de la face d'amont de la pompe épurative et la goulette de l'escalier des Grands Dégrès » ; les quarante mètres d'aval étaient réservés aux bateaux dits de Thomery, ordonnance du 19 brumaire, An IX; la largeur fut réduite ensuite à 54 mètres « à partir de dix mètres en amont de l'égout de la rue de Pontoise, en remontant du côté du pont de la Tournelle » ; 18 mètres étaient réservés aux bateaux de Thomery (ordonnances du 2 octobre 1823 et du 10 octobre 1835).

Tous les bateaux devaient être placés en boyard, c'est-à-dire perpendiculaires à la rive, disposition encore maintenue.

Les autres articles visaient la déclaration au bureau de la navigation, le garage des bateaux en cas d'encombrement, le mode de vente : sur bateau s'ils sont en grenier, sur le port s'ils sont en paniers ; les heures d'ouverture et de fermeture du marché, la loyauté des transactions, etc.

C'est à partir de l'année 1835 que la vente des fruits en gros a été autorisée.

Le Marché des Miramiones se tenait tous les jours : on n'y vendait que le fruit venu par voie de la Seine ; les fruits rouges tels que cerises, fraises et groseilles, ne s'y rencontraient pas.

Une statistique de 1839 nous apprend qu'on y vendit cette année là, 17 millions 500,000 pommes de reinette, 6 millions de pommes de Canada ; 4 millions 800,000 d'espèces inférieures ; 2 millions 800,000 poires d'Angleterre ; 700,000 poires de Catillac, 450,000 pêches et 7,500 boisseaux de marrons, plus 270,000 paniers de fruits supérieurs (raisin, pommes, poires, pêches et prunes).

Le marché qui se tient actuellement sur les ports de la Grève et des Ormes, depuis que son transfert a été ordonné par les ordonnances du 2 décembre 1850 et du 23 juillet 1851, est loin d'avoir cette importance.

Le raisin a presque complètement disparu depuis quelques années, et il n'y arrive plus guère que des pommes, telles que la reinette grise, la bonne-nature, la pomme d'api et la reinette de La Rochelle ; le Canada y est une exception et la Calville presque inconnue.

Pendant les années 1884, 1885 et 1886, il a été expédié au port aux fruits 208 bateaux de pommes pesant 10,196,000 kilos ; 45 bateaux ont transporté les fruits ramassés en Auvergne, d'où la marchandise est expédiée par chemin de fer aux docks de Montargis et réexpédiée par eau à Paris.

Les 173 autres étaient chargés des produits de Maine-et-Loire, de la Loire-Inférieure, des Deux-Sèvres, de la Sarthe et de l'Allier; les pommes de ces contrées sont expédiées par chemin de fer à Charenton et réexpédiées par bateaux du port des Lions jusqu'au port du Mail.

La Normandie n'envoie rien ou presque rien aux marchés de Paris ; ses pommes et ses poires de dessert sont presque toutes expédiées en Hollande, en Angleterre et surtout en Russie.

La moyenne du prix des pommes pendant les trois dernières années a été de 40 fr. 45 c. les 100 kilogrammes, ce qui pour 10,196,000 kilogr. donne un chiffre d'affaires de 4,124,282 francs.

Il n'est pas possible de déterminer le chiffre exact de jours pendant lesquels un bateau peut séjourner dans le port ; cependant on peut l'évaluer à 45 jours environ, soit 9,360 journées pour les 208 bateaux et pendant les trois années indiquées ci-dessus.

La plus grande partie des pommes est achetée par les commissionnaires des Halles, et le reste par les titulaires des marchés de détail, les marchands des quatre-saisons et les messagers des environs de Paris.

Le service de la police du Marché est composé d'un inspecteur qui commande aux forts ; il est lui-même placé sous les ordres de l'officier de paix du IVe arrondissement.

Les inspecteurs de la navigation règlent le stationnement des bateaux.

A l'exception d'une faible redevance aux forts pour le déchargement de la marchandise (0 fr. 40 c. par 100 kilogr.), les ventes sont exemptes de tout droit.

Au Marché aux fruits a lieu la vente en gros des pommes, poires, raisins, etc., venant par eau, soit de la Bourgogne, soit de la Normandie ; seulement, ce n'est qu'en automne, au moment où ces fruits donnent, que le Marché s'ouvre ; pendant le reste de l'année, il est fermé.

# QUAI DE BERCY

## LE VIN A PARIS

E tout temps, le vin a été notre boisson nationale par excellence, et ce n'est pas trop s'avancer que d'attribuer à son usage les qualités et les défauts de notre race. Il y a là, par une sorte d'atavisme, un rapprochement intime avec les Celtes, nos ancêtres, que tous les historiens de l'antiquité ont représenté comme un peuple ardent, mobile, prompt à entreprendre, prompt à se décourager, impétueux au premier choc et cédant facilement à la résistance.

Les vins de la Gaule étaient déjà recherchés du temps de César ; il parle des vins de Provence, des Narbonnais et d'Auvergne, et il ajoute qu'on estimait, en Gaule, les vins d'Italie, et en Italie, les vins de la Gaule.

Depuis, Domitien fit arracher toutes les vignes de cette province sous le prétexte que son sol se prêtait mieux à la culture du blé, et ce ne fut que deux siècles plus tard que Probus les importa de nouveau.

Les invasions du Ve siècle respectèrent les vignobles, et plus tard Charlemagne en favorisa le développement dans ses domaines.

On voit, par un fabliau du trouvère Henri d'Andely, intitulé la *Bataille des Vins,* qu'au XIIIe siècle les crus étaient nombreux en France, puisqu'il vante successivement les vins du Gâtinais, d'Auxois, d'Anjou, de Provence, d'Angoumois, de la Rochelle, d'Auxerre, de Beaune, de Vermantois, d'Epernay, de Chablis, de Reims, de Sezanne, de Bordeaux, de Saint-Emilion, de Trie, de Moissac, d'Argenteuil, de Meulan, de Soissons, de Montmorency. de Pierrefitte, etc., etc.

La nomenclature est longue, et il est visible qu'en cette matière, le poète professait le plus grand éclectisme ; cependant les textes établissent qu'à cette époque, les vins de Champagne et de Bourgogne étaient les plus estimés.

Aussi, ne faut-il pas s'étonner si la production du vin a suivi, dans notre pays, une marche ascendante.

En 1788, elle s'élevait à 25,000,000 d'hectolitres, pour atteindre son apogée en 1875, avec un chiffre de 83,632,391 hectolitres.

Malheureusement, depuis cette époque, le phylloxéra a fait de tels ravages que c'est à peine si nous avons dépassé, l'année dernière, la production constatée un siècle auparavant.

Toutefois, si nos ressources diminuaient, la consommation continuait à se maintenir, et il fallut, pour la satisfaire, demander à l'étranger les quantités complémentaires que la vigne nationale était impuissante à fournir.

Les conséquences économiques de ce désastre, qui a entassé tant de ruines sur notre pays déjà si éprouvé, sont lamentablement inscrites dans nos statistiques officielles. Qu'on en juge !

Nos importations s'élevaient :

| | | | |
|---|---|---|---|
| en 1851................... | à | 3.321 | hectolitres |
| en 1860................... | à | 125.995 | — |
| en 1875................... | à | 291.830 | — |
| en 1880................... | à | 7.220.574 | — |
| en 1885................... | à | 8.183.665 | — |
| en 1888................... | à | 12.658.000 | — |

Pour ces mêmes années les valeurs du vin en France étaient respectivement les suivantes :

| | | |
|---|---|---|
| en 1851..................... | 473.148.000 | francs |
| en 1860..................... | 1.147.182.000 | — |
| en 1875..................... | 1.760.556.000 | — |
| en 1880..................... | 1.275.681.000 | — |
| en 1885..................... | 1.141.440.000 | — |
| en 1887..................... | 497.653.000 | — |

Cependant il est bon de remarquer que, depuis près de quarante ans, la consommation s'est élevée de près de 80 0/0 et qu'elle reflète à peu près exactement les phases économiques que nous avons traversées.

| | | | | |
|---|---|---|---|---|
| De 1851 à 1860 | la moyenne annuelle est de | 28.099.100 | hect. |
| 1861 à 1870 | — | — | 49.365.300 | — |
| 1871 à 1875 | — | — | 54.868.500 | — |
| 1876 à 1880 | — | — | 41.435.000 | — |
| 1881 à 1885 | — | — | 43.035.200 | — |
| 1886 à 1888 | — | — | 43.363.500 | — |

De leur côté, nos exportations ont suivi une marche presque identique au moins jusqu'en 1875, car depuis cette époque elles ont diminué dans une certaine proportion.

| | | | | |
|---|---|---|---|---|
| De 1851 à 1860 | la moyenne annuelle est de | 1.778.767 | hect. |
| 1861 à 1870 | — | — | 2.564.135 | — |
| 1871 à 1875 | — | — | 3.538.803 | — |
| 1876 à 1880 | — | — | 2.952.371 | — |
| 1881 à 1885 | — | — | 2.560.683 | — |
| 1886 à 1888 | — | — | 2.382.000 | — |

Des conclusions qu'on peut tirer de ces constatations appliquées à l'intégralité du territoire n'ont cependant aucune valeur vis-à-vis de la consommation de Paris, où les variations de la population jouent le rôle d'un facteur déterminant.

Pour rendre les comparaisons plus sensibles, nous n'avons pris que les chiffres qui marquent des périodes bien tranchées: 1859 qui précède l'annexion d'une partie des communes limitrophes; 1867, année de l'Exposition, apogée de la fortune impériale ; 1882, époque de crise financière et immobilière ; et enfin les années suivantes jusqu'en 1887, dont nous n'avons pu nous procurer les résultats, non plus que ceux de 1888.

Donc Paris a consommé en vins de toute nature :

| | | |
|---|---|---|
| En 1859 | 1.747.085 | hectolitres. |
| 1867 | 3.574.360 | — |
| 1882 | 4.883.232 | — |
| 1883 | 4.717.797 | — |
| 1881 | 4.581.919 | — |

Cela constitue une diminution de 301,313 hectolitres pour ces trois dernières années.

A deux hectolitres environ de consommation annuelle par tête, chiffre normal depuis vingt ans, on trouverait ainsi un amoindrissement de population de 150,000 habitants ; sauf, bien entendu, les restrictions dues, tant à la crise qui a influé sur la consommation, qu'à la fabrication des boissons ménagères et des vins de raisins secs qui la dénature.

En effet, les dénombrements officiels donnent les résultats suivants :

| | | |
|---|---|---|
| En 1866 | 1.825.274 | habitants. |
| 1876 | 1.988.806 | — |
| 1881 | 2.339.928 | — |

Cependant, il y a un défaut de concordance entre le recensement de 1886, qui accuse une population de 2,344.550 habitants contre une consommation de 4,336,140 hectolitres pendant cette même année. Aux termes de la règle posée antérieurement, il résulterait que le chiffre de la population serait supérieur de 35,000 à la réalité ; il y a là une cause perturbatrice qui en vicie l'exactitude, mais dont nous n'entreprendrons pas de rechercher l'origine. à moins toutefois qu'elle ne réside dans la confection plus ou moins attentive des listes dressées par l'administration.

On évalue à Paris, la consommation bourgeoise à trois dixièmes, celle des restaurants à deux dixièmes et à cinq dixièmes celle des détaillants.

Les trois quarts de la consommation bourgeoise sont fournis par le Maconnais et le Beaujolais ; l'autre quart se compose de vins de Bordeaux, de la Côte-d'Or et de Champagne mousseux.

L'approvisionnement des restaurants varie tout naturellement suivant la classe à laquelle ils appartiennent, et il est à peu près impossible de déterminer la proportion des sortes qui constituent leurs caves. Les vins de Mâcon et de Bordeaux semblent cependant prédominer.

Quant aux vins qui se débitent au détail, ils sont, sans exception, un mélange de différents crus, dans la composition duquel on fait entrer des vins légers qu'on rehausse par des vins forts et colorés.

Ici nous touchons une corde délicate, surtout quand il s'agit d'une boisson destinée à la partie de la population la plus nombreuse, mais aussi la moins aisée.

Certes, on a beaucoup médit de ces vins qu'on s'est plu à représenter comme la synthèse de la toxicologie ; mais il faudrait bien se garder de conclure du particulier au général.

Sans doute, l'*auri sacra fames* a porté quelques individus peu scrupuleux à adultérer effrontément un produit devenu, en quelque sorte, de première nécessité ; mais le nombre en est heureusement limité, et les tribunaux ne se font pas faute de les rappeler à une plus juste appréciation du licite et de l'illicite. Aussi peut-on

dire que, dans son ensemble, ce commerce est exercé avec autant d'honorabilité et de probité que tout autre ; il serait même désirable que la production immédiate prit exemple sur lui et ne nous envoie pas, comme *vin de propriétaire*, des accouplements plus ou moins assortis.

En ce qui concerne plus particulièrement les vins dits de soutirage que débitent les détaillants, cette pratique se justifie par l'utilisation de vins qui, prit isolément, ne seraient pas de nature à satisfaire le goût.

Le goût, il est vrai, est chose essentiellement variable. Sans remonter aux mixtures dont le Cécube et le Phalerne, chers à Horace, n'étaient que le prétexte, nos palais modernes se feraient difficilement aux vins de miel et d'absinthe, tant célébrés par les auteurs du moyen-âge. A leurs yeux, c'était le comble de l'industrie humaine d'avoir su réunir, dans une boisson aussi délicieuse, la force du vin, la douceur du miel et le parfum des aromates.

Les produits de nos coteaux parisiens, si décriés aujourd'hui, n'ont-ils pas eux-mêmes obtenu la consécration d'une auguste autorité ? Dans ce Bercy, que des malintentionnés dénomment ironiquement *Château-Bercy*, n'existait-il pas tout récemment encore un pavillon, où la tradition attribuait au Béarnais de fréquentes assises affectées à leur dégustation ?

Et de fait, ce que le consommateur exige avant tout, quelque perversion du palais qu'on puisse lui imputer, c'est de retrouver partout et quand même les sensations auxquelles ses palpilles sont accoutumées.

On ne peut donc blâmer une opération qui atteint ce desideratum pourvu que les vins soient exempts de tout produit incestueux, pourvu qu'ils ne soient pas décorés d'un titre usurpé et vendus comme tels.

Et puis ne faut-il pas concilier les intérêts de la bourse, déjà fort compromis par le taux onéreux des droits fiscaux ? Actuellement, ceux perçus aux entrées de Paris s'élèvent à 18 fr. 87 par hectolitre, parmi lesquels figurent 7 fr. 67 de ces fameux centimes, dits additionnels, qui finiront par dépasser le principal. En somme, cela constitue un prélèvement de 30 C/0 environ sur la valeur des vins communs.

Cependant le prix de la vente au détail n'a subi aucune diminution, bien que depuis 1881, les taxes aux entrées de Paris aient été modérées d'environ 15 0/0.

Tout au contraire, il y a eu relèvement, si l'on s'en rapporte aux documents officiels du ministère des finances, documents, il est vrai, qui ne sont pas spéciaux à la capitale, mais bien à l'ensemble du territoire.

Le prix moyen de l'hectolitre chez les détaillants ont été successivement les suivants :

| | | |
|---|---|---|
| 1851 à 1860 | 50 fr. | » |
| 1861 à 1870 | 50 | 80 |
| 1871 à 1875 | 53 | 56 |
| 1876 à 1880 | 61 | 87 |
| 1881 à 1885 | 76 | 40 |
| 1887 | 79 | 61 |

De tous temps d'ailleurs, les boissons ont été considérées comme une des sources les plus fructueuses du revenu de l'État et des villes. Les droits différents levés à Paris depuis 1680 jusqu'à la Révolution n'étaient pas inférieurs à trente sept. En voici la nomenclature :

Les premiers 5 sols ; les anciens et les nouveaux 5 sols ; les 30 sols par muids ; les 5 sols des pauvres ; la ceinture de la Reine ;

LÉGENDE : 1. Quai de Bercy (déchargement des vins). — 2. Rue du Port-de-Bercy. — 3. Une porte de cave au Petit-Bercy. — 4. Spécimen de salle des cuves pour le mélange des vins. 6. Rue St-Émilion (Petit-Bercy). — 7. Parloir des Platanes. — 8. Chargement d'un haquet rue de Bordeaux.

les 10 sols de la Ville; les 10 sols du canal ; les 10 sols des batardeaux ; les 45 sols des rivières ; les 3 livres par muids ; le domaine; l'ancien et le nouveau barrage ; les 20 sols de Sedan ; les 20 et 10 sols de subvention ; l'augmentation du barrage ; les 2 sols pour livre de ces trois droits ; le parisis ; le sol pour livre sur la vente ; les 20 sols de l'hôpital ; les 6 deniers pour livre. En outre, le vin payait dans la capitale le droit de gros et de détail sur la vente.

Voilà quelle était la part de l'État. Venait ensuite la Ville qui levait onze autres droits et les hôpitaux qui en levaient quatre.

Les perceptions actuelles ont au moins le mérite de la simplicité nominale, quoiqu'en fait les centimes aient tout uniment remplacé des dénominations surannées sans supprimer leur effet.

La consommation d'une grande ville comme Paris exige, de la part des négociants, des approvisionnements considérables, et on comprend que ceux-ci auraient à faire l'avance de sommes fort élevées si les droits étaient versés immédiatement lors de l'entrée dans la ville.

C'est pour obvier à cet inconvénient qu'il a été établi des magasins où les vins peuvent séjourner sans acquitter la redevance jusqu'au moment où ils sont livrés à la consommation.

A Paris il existe deux emplacements destinés à cet usage. Le plus important est situé sur le territoire de l'ancienne commune de Bercy ; l'autre, sous la dénomination de Halle aux vins, occupe l'emplacement de l'abbaye Saint-Victor, si célèbre autrefois. Bien que plus central, cet entrepôt se voit, chaque jour, abandonné par le commerce au profit de son rival de Bercy, mieux outillé au point de vue des communications tant fluviales que terrestres.

# LE MARCHÉ AUX FLEURS

**Plateau de la Cité 7, et quais adjacents**

(SE TIENT LE MERCREDI ET LE SAMEDI)

Paris compte neuf marchés où l'on débite les délicats produits des jardins.

Le plus important de tous est celui du quai de l'Horloge, voie publique, qu'entre parenthèses vous ne ferez jamais désigner autrement par un Parisien que sous le nom de Quai aux fleurs. Il se tient tous les mercredis et samedis sur la place de la Cité, envahit le quai, se poursuit le long de l'Hôtel-Dieu, ce qui fait que les senteurs des plantes les plus belles montent jusqu'aux salles des malades; il couvre le Pont-au-Change et le Pont Notre-Dame. Près de six cents places sont ainsi mises, soit en plein air, soit sous des abris en fonte, à la disposition des horticulteurs et des marchands.

Les abris de la place de la Cité, qui remontent à peine à une dizaine d'années, sont plus spécialement réservés aux détaillants faisant les bouquets à la main, les fleurs en pots pour les fêtes et les arbustes et plantes d'appartement.

Par terre, le long des trottoirs du quai ou desponts, sont les fleurs et arbustes en pleine terre.

Autrefois le Marché-aux-Fleurs n'était bien assorti qu'en plantes à bon marché. Il n'y venait comme acquéreurs que des petits commerçants, des ouvriers, la grisette et l'apprentie; mais depuis quelques années le marché de la Cité, — c'est son appellation administrative — a développé une clientèle qui, autrefois, lui échappait totalement, et les arrivages se sont faits à la fois plus nombreux et mieux assortis.

Aujourd'hui des affaires énormes s'y traitent couramment; les fleurs rares y affluent à côté des fleurs à un et deux sous le pied.

Toute l'année l'animation y est très grande. En été, les voitures des horticulteurs ont le droit de se placer la veille du marché à partir de six heures du soir. On les décharge pendant la nuit, et à deux heures du matin commence la vente en gros. Par pleines charretées, les collections sont cédées aux détaillants. Ce premier marché est clos à huit heures, à dix heures en hiver. Le détail continue ensuite jusqu'à dix heures du soir, ou dans la mauvaise saison jusqu'à la nuit.

On se tromperait, si l'on croyait que les transactions se ralentissent pendant l'hiver; c'est alors au contraire que se vendent par quantités innombrables les arbustes destinés à la plantation, arbres d'agrément pour les jardins, pour les parcs, pour les vergers. On y voit de tout, depuis des rosiers à dix centimes jusqu'à des conifères de deux et trois cents francs. Les pépiniéristes de la vallée d'Aulnay, ceux de Vitry, ceux de Versailles, de Montlignon, de Bourg-la-Reine, font des échanges avec leurs confrères de Brie-Comte-Robert, de Louveciennes, de Meaux ou de Pontoise.

Les propriétaires qui commandent à leur fournisseur habituel telle ou telle série d'arbres ou de plantes, ne se doutent certainement pas que leur commande est remplie au marché. Ils n'en sont pas plus mal servis pour cela. On peut dire, au contraire, que tout ce qui touche à l'arboriculture et à l'horticulture est en plein progrès chez nous. Nos producteurs peuvent rivaliser avec n'importe quels concurrents, et nos variétés de fleurs sont devenues absolument merveilleuses. Les rosiers de Brie-Comte-Robert et de Fontenay, les chrysanthèmes de Vincennes, les pélargoniums et les bégonias de Montreuil, les palmiers, chamérops de la Glacière sont incomparables. On passe des jacinthes et des tulipes de la Hollande aux fleurs tropicales, sans transitions; tout est possible à des artistes pareils.

**Ed. Renoir.**

Les Parisiens paraissent avoir aimé les fleurs de tous temps, car dès le XVI<sup>e</sup> siècle, des marchands d'arbres, de plantes et de fleurs se réunissaient à la vallée de misère, non loin du Châtelet, sur la Seine, et y vendaient leurs produits. Dans une ordonnance du lieutenant de Police, datée de janvier 1540, concernant les marchands de volailles, il est dit : « Et d'autant que les jardiniers et autres soulaient (avaient coutume) vendre des arbres, fleurs et autres choses en la même place (près le Châtelet, donnée aux dits marchands de volailles) nous leur enjoignons de se retirer au-dessous et d'estaller et vendre dorénavant leurs dits arbres, fleurs et autres marchandises de la dite qualité depuis le poteau et place proches le moulin Pitau jusques au Pont-Neuf. » Signé de l'Affemas, Chauvelin.

Cette ordonnance transportait donc le Marché aux fleurs entre le Pont-Neuf et la rue des Bourdonnais, à peu près. D'ailleurs le quai de la Mégisserie a gardé de son ancienne occupation un certain nombre de marchands de graines qui sont les successeurs des jardiniers d'autrefois.

La Marché aux fleurs se tenait encore quai de la Mégisserie en 1800 ; alors il s'étendait du Pont-au-Change au Pont-Neuf. Il avait lieu trois fois par décade et les marchands en gros et les détaillants étaient séparés, les premiers s'installant du côté du Pont-au-Change, où ils se placent aujourd'hui encore, les seconds du côté du Pont-Neuf.

Les choses restèrent en l'état jusqu'en 1808, époque à laquelle, par décret du 21 janvier, le Marché aux fleurs fut transféré sur le quai Desaix (aujourd'hui de la Cité), nouvellement formé. Le Marché était circonscrit par des bornes isolées qui le séparaient du quai et de la rue de la Pelleterie, d'une part, et des rues de la Juiverie (Cité) et de la Barillerie (boulevard du Palais) de l'autre.

Inauguré le 16 août 1809, le marché avait lieu les mercredis et samedis de chaque semaine et des marchands en gros, jardiniers et pépiniéristes y étaient admis en même temps que les détaillants.

En 1840, il fut amélioré : outre les deux bassins qui l'ornaient depuis sa fondation on le borda de trottoirs de chaque côté, ce qui permit à l'eau, provenant de l'arrosage des fleurs de s'écouler par des ruisseaux dans un égout destiné à la recevoir. En 1853, de nouvelles améliorations eurent lieu et il resta tel jusqu'à la transformation complète du quartier qui eut lieu vers le milieu du second Empire : construction du boulevard du Palais, du Tribunal de commerce et de l'Hôtel-Dieu. Enfin, dans ces dernières années, on construisit sur la place du Marché aux fleurs des abris destinés aux détaillants qui s'installent là, de huit heures du matin à la nuit, amélioration sérieuse qui épargne aux marchands le désagrément des intempéries du temps.

Le Marché comprend 596 places réparties en cinq séries et situées sur la place, sur le quai aux Fleurs, en face de l'Hôtel-Dieu, sur celui de la Cité et sur les ponts Notre-Dame et au Change. Le prix des places varie bien entendu suivant le lieu où elles se trouvent être et les abris sont particulièrement recherchés, cela va sans dire, à cause des avantages qu'ils offrent en cas de pluie et surtout en de soleil trop ardent.

Il y a deux sortes de marchands de fleurs, d'arbustes, etc. : ceux qui vendent en gros et ceux qui vendent en détail. Les premiers s'installent dès les premières heures du jour, les mercredis et les samedis, sur le Pont-au-Change et sur le pont Notre-Dame. C'est à eux que viennent s'approvisionner les marchands au détail, qui sont donc, presque tous, des revendeurs. Mais il faut que les achats soient faits à huit heures du matin, car alors sonne la cloche et le marché en gros prend fin. Les ponts sont débarrassés et les détaillants s'établissent à leurs places respectives.

Ces places sont la propriété de leurs titulaires, mais ils n'en peuvent pas disposer à l'avantage d'une tierce personne. C'est, en effet, l'administration seule qui les donne et il faut dans ce cas que le receveur chargé de leur distribution fasse preuve de beaucoup de tact, car il y a dans ce monde de fleuristes de grandes jalousies pour l'obtention d'une place située au bon endroit. Elles sont, du reste, presque toujours données à l'ancienneté, ce qui supprime toute réclamation de la part des postulants. Les places se paient au mois et un mois d'avance et lorsque le titulaire n'en a pas acquitté le montant dans le temps voulu il est déchu de ses droits.

Quant aux conditions de vente, elles sont bien simples : elles se font au comptant avec le public, et de gré à gré entre marchands en gros et détaillants.

Le Marché aux fleurs relève des deux administrations préfectorales : la préfecture de la Seine a la gérance des revenus et exerce son action par l'intermédiaire d'un receveur chargé de faire payer aux marchands en gros et aux détaillants les droits afférents aux places ; la préfecture de police a la surveillance, tant au point de vue de la circulation et de la bonne tenue du marché qu'à celui des réclamations ou des différends qui peuvent survenir, soit entre marchand et marchand, soit entre marchand et vendeur ; elle est représentée par un inspecteur.

Enfin, des porteurs qui relèvent également de la Préfecture de police, médaillés qu'ils sont par elle, se tiennent à la disposition du public pour porter à domicile les fleurs ou les arbustes achetés. Telles sont les principales dispositions relatives au marché aux fleurs.

Les pépiniéristes, comme les fleuristes qui approvisionnent le marché aux fleurs, y apportent généralement chacun leur spécialité : tel les arbustes, tel les fleurs, les uns des roses, les autres des pensées, d'aucun des giroflées, d'autres des résédas, pour ne citer que les fleurs connues de vous. Si quelques horticulteurs établis à Paris viennent au marché, soit comme vendeur en gros, soit comme détaillant, la plus grande partie des pourvoyeurs appartiennent à la banlieue de Paris, petite et grande.

Fontenay-aux-Roses, Bourg-la-Reine, Vanves, Malakof, Puteaux, Vincennes, Montreuil, situés à quelques kilomètres de Paris fournissent en quantité les rosiers, les violettes, les marguerites, les œillets, les tulipes, les fuchsias et tant d'autres fleurs. Marcoussy, près Montlhéry, Pontchartrain, non loin de St-Cyr, Chevreuse, Enghien, et d'autres localités sises, comme celles-ci à une trentaine de kilomètres, viennent aussi apporter leur tribut au Marché aux fleurs. Il n'est pas jusqu'à l'étranger qui ne fournisse sa quote part : la Belgique par exemple nous envoie des plantes grasses d'une grande beauté, qui viennent à merveille dans ce pays rempli de gisements de charbon. L'Algérie elle-même est représentée par les plus beaux produits horticoles.

*<br>* *

Indépendamment du Marché aux fleurs de la Cité, il y en a huit autres, qui sont soumis à la même réglementation énoncée plus haut, et dont la clientèle est tout aussi nombreuse ; nous les citons par ordre chronologique :

Place de la Madeleine (1834). — Mardi, vendredi.
Place de la République (1835). — Lundi, jeudi.
Place St-Sulpice (1845). — Lundi, jeudi.
Boulevard de Clichy (1873). — Lundi, jeudi.
Avenue des Ternes (1874). — Mercredi, samedi.
Place Voltaire (1874). — Mardi, vendredi, dimanche.
Passy, rue Bouillé (1877). — Mardi, vendredi, dimanche.
Mairie des Batignolles (1879). — Mercredi, samedi.

G. Assanis.

# MARCHÉ AUX OISEAUX

**Place du Marché aux Fleurs**



> « Vous connaissez ce quai de la Ferraille,
> « Où l'on vend des oiseaux … »

dit Florian, dans une de ses charmantes fables.

C'est en effet sur le quai de la Ferraille, appelé maintenant quai de la Mégisserie, qu'au siècle dernier se tenait, tous les dimanches, le Marché aux oiseaux, « miniature du grand Marché à la volaille », comme le dit M. Lefeuve dans son *Histoire des rues de Paris*, qui avait aussi lieu en cet endroit deux fois par semaine. D'ailleurs, ce quai a gardé quelques souvenirs des anciens commerces auxquels il donnait asile : des oiseliers y sont encore installés, des grainiers rappellent qu'en ce lieu se tenait le marché aux fleurs, et des taillandiers, réminiscence des marchands de ferraille d'autrefois, y ont leurs magasins.

On retrouve, au milieu de notre siècle, le Marché aux oiseaux établi rue Lobineau, le long du marché Saint-Germain où, là encore, il a laissé des traces ; mais ce n'est qu'en 1861 qu'il fut reconnu comme marché public, en vertu d'une ordonnance de police qui le transférait dans la cour du marché Saint-Martin. Ce marché, disparu il y a quelques années, était situé rue Montgolfier, derrière le Conservatoire des Arts-et-Métiers et avait été construit au commencement du siècle, en remplacement d'un autre, voisin et plus ancien, sur des dépendances de l'antique abbaye de Saint-Martin-des-Champs. Tous les dimanches, comme jadis, les amateurs de serins, de chardonnerets, de pinsons, de bouvreuils, de pigeons de toutes races, venaient y choisir leurs oiseaux de prédilection. Il en fut ainsi jusqu'en 1881, époque à laquelle le marché Saint-Martin fut démoli, pour être remplacé par la nouvelle École centrale des arts et manufactures. Alors le Marché aux oiseaux fut transféré, en vertu d'une ordonnance de police en date du 18 septembre de ladite année 1881, sur la place du Marché aux fleurs, où il se tient, comme par le passé, tous les dimanches, sous les abris qui couvrent la place.

Rien de plus pittoresque que ce Marché aux oiseaux. Ce n'est pas en passant, par hasard, que l'acheteur fait une acquisition ; il vient là avec l'intention de remporter un des coquets petits animaux qui s'offrent à lui, et, dans l'achat comme dans la vente, on discute, avec animation souvent, les qualités et le prix du sujet. Du reste, la clientèle est composée de petites bourses en général et, d'un autre côté, on ne trouve pas au Marché des oiseaux d'une grande rareté, mais des espèces communes. Les vendeurs eux-mêmes sont plus amateurs que marchands de profession ; bien qu'on rencontre quelques oiseliers parmi eux, la plupart sont des petits propriétaires des environs de Paris, des ouvriers ayant la passion des oiseaux et qui viennent, le dimanche, s'installer sur la place, autant pour acheter ou échanger de jolis passereaux que pour faire un trafic réel.

Pourtant il y a, au point de vue du règlement administratif, deux sortes de marchands: les uns, — formés par ceux qui en font le métier, et c'est chez eux qu'on rencontre les oiseliers—, sont *abonnés*, c'est-à-dire ont leurs places déterminées sous les abris ; moyennant une redevance de 15 centimes par mètre carré et l'occupation d'un emplacement minimum de trois mètres, plus 5 centimes de frais de balayage, soit en tout 50 centimes par jour de marché, ils ont le droit d'occuper telle place qu'ils ont choisie et en restent propriétaires tant qu'ils acquittent la perception, laquelle a lieu un mois à l'avance. Les autres sont les marchands ambulants ; ils acquièrent la faculté d'offrir leur marchandise en payant la même redevance de 15 centimes, soit qu'ils stationnent, — et alors le droit perçu est proportionnel au nombre de mètres tenus, — soit qu'ils se promènent une cage ou un panier à la main sur toute l'étendue du marché. Aussi voit-on un certain nombre de marchands improvisés offrir à chacun, qui un serin, qui un pigeon, et s'en aller une fois la vente faite.

Le Marché aux oiseaux n'est pas exclusivement réservé à ces charmants petits chanteurs, compagnons de travail de Jenny l'ouvrière ; mais le fond du commerce est surtout formé d'oiseaux. Si parfois, au coquerico d'un coq, répond un gloussement d'une poule, on est surtout charmé par les mille gazouillements des oiseaux qui, pauvres petits prisonniers, volettent, serrés les uns contre les autres, dans des cages trop étroites. C'est plaisir à voir ces coquets passereaux aux brillantes couleurs ou au sombre plumage : serins hollandais ou de Mozambique variant du jaune pâle au jaune foncé ; chardonnerets à tête rouge ou blanche et à corps noirs ; perruches d'un vert éclatant ; bengalis, gris ou bleus ; calfats blanc ou gris clair, originaires de l'Ile de France ; papes et ministres, habitants de l'Amérique du Sud ; veuves dominicaines à grande queue ; cardinaux gris ou rouge, venant du Brésil ; capucins de Chine, bruns avec une espèce de capuchon noir sur la tête; becs de corail, ondulés, inséparables, ces charmants petits oiseaux toujours l'un près de l'autre ; moineaux isabelle, ainsi nommés à cause de leur couleur ; cous-coupés, qui ont sur leur plumage gris foncé, une large bande rouge sang au cou, simulant une coupure. Tout ce petit monde va, vient, vole, saute, chante, siffle, mange, si bien que l'oreille n'entend plus qu'un bruissement confus et que le regard ne sait plus où se reposer.

Et comme si l'homme, barbare dans son plaisir et en même temps compatissant et prévenant, voulait montrer à l'oiseau ce que sera son existence future, il expose aux yeux de ces charmantes et malheureuses petites bêtes les cages qui, plus tard, leur serviront de prison, et les aliments qu'il leur donnera en pâture, car on trouve au marché aux oiseaux des cages de toute sorte, du chènevis, du millet, des pâtes spéciales pour fauvettes, rossignols, etc.

Combien les hôtes de nos bois et de nos buissons préféreraient la liberté à la captivité dorée que l'homme leur offre !

G. Assanis.

Le marché se tient le dimanche, du matin au soir, sur l'emplacement du Marché aux Fleurs de la Cité.

Quiconque se présente sur le marché pour y vendre, ne fut-ce qu'un oiseau ou une cage de quelques sous, doit acquitter un droit de 15 centimes. Or, si l'on considère que pour ce négociant d'un jour, il se trouve nombre de camelots, on se doute du mal que peut avoir le receveur à frapper de contributions les clients d'un jour !

Oiseaux des îles et moineaux du faubourg du Temple, aigles de l'Atlas et pies des fortifications, on vend de tout sur le marché.

Les cris les plus discordants se font entendre : clameurs de marchands appelant les clients, chants et sifflements des hôtes involontaires des milliers de cages empilées sous les abris ou portés à la main par leurs propriétaires.

Les plumages ne sont pas moins variés. Tous les tons sont représentés, depuis le rouge éclatant du ara jusqu'au gris terne du passereau. Oiseaux chanteurs, oiseaux parleurs ont leur clientèle. On se dispute les perroquets arrivés au dernier degré de la perfection, aussi bien que les chardonnerets dont le ramage est si vanté.

Quatre sortes de marchands, bien distinctes, forment ce que nous pourrions appeler le fonds du Marché-aux-Oiseaux :

1° Les boutiques établies dans Paris et qui ne manquent pas cette occasion de débit ;

2° Les coureurs des bois et des campagnes, véritables braconniers, dévastateurs incorrigibles, qui dénichent, panneautent, grillent, et se présentent sans vergogne à la Cité où ils vendent tranquillement force mésanges, pinsons et chardonnerets, comme si la loi ne pouvait les atteindre :

3° Les amateurs, éleveurs d'oiseaux de mérite et notamment de serins hollandais. Ils sont très intéressants pour la plupart, ces amateurs; ils font des échanges sur des bases savantes, surveillant avec une véritable passion leur marchandise et vantant les qualités d'icelle comme s'il s'agissait d'un tableau de maître ou d'un camée antique;

4° En dernier lieu, enfin, les camelots, brocanteurs, vendant aujourd'hui un couple de perruches, d'où ils seraient bien embarrassés d'indiquer l'origine, et demain le Plan de Paris ou une reproduction de la Tour Eiffel.

Brochant sur le tout, le zouave arrivant d'Afrique avec une petite autruche ; le matelot fraîchement débarqué à Marseille ou au Havre et rêvant la fortune contre cession d'un perroquet éduqué par lui au cours d'une interminable traversée.

Le coin le plus curieux est à coup sûr celui des naturalistes, dont quelques-uns sont simplement des bergers ou des bûcherons, qui apportent des environs les objets les plus inattendus : couleuvres, orvets, lézards gris et verts, salamandres, caméléons, crapauds, grenouilles, que sais-je? Les manies des collectionneurs revêtent parfois des formes bien étranges !

A noter aussi les gallinacées, pour la reproduction ou pour garnir les volières, poules et coqs de toutes les espèces, canards extraordinairement bariolés, perdrix, cailles, faisans de France, faisans dorés, faisans argentés ; il y en a pour tous les goûts.

On vend aussi des jeunes chats, surtout des angoras, et même des chiens, ce qui est défendu, d'ailleurs, parce qu'il y a un endroit spécial pour ces derniers animaux, au Marché aux chevaux. On vend des cages à bon marché, aussi bien que des volières du plus haut prix, des graines, des ustensiles de cages, enfin tout ce qui, de près ou de loin, a rapport aux oiseaux.

Il n'est pas rare de voir de magnifiques équipages arrêtés aux alentours, pendant que des amateurs de marque marchandent les plus beaux oiseaux du marché. Près d'eux passe, triomphante, la jeune fille qui a pu, à force d'économie, s'offrir un petit *fifi* de vingt sous. Elle est heureuse tant qu'on peut l'être, en songeant aux roucoulades qui accompagneront son travail, quand ses doigts agiles courront sur la batiste ou le satin et que son imagination vagabonde la transportera dans les bois de Chaville ou de Meudon, où le merle moqueur répond au gai rossignol, chantant éperduement ses amours.

E. Renoir.

# ANCIENS MARCHÉS DE PARIS [1]

## MARCHÉ DES INNOCENTS

Ce Marché avait été ouvert sur la place du cimetière des Innoceuts, dans lequel on avait, pendant des siècles et jusqu'en 1780, inhumé les cadavres de plusieurs générations de parisiens, dont les ossements reposent actuellement dans les catacombes.

Ce cimetière, fermé de murs par Philippe-Auguste en 1186, avait été agrandi en 1218, et des charniers avaient été créés tout autour en 1397.

L'arrêt du Conseil pour la fondation du Marché est du 9 novembre 1785. Il y transférait le Marché aux herbes et aux légumes. Le terrain avait été déclaré domanial par l'arrêt du 25 octobre de la même année.

Le Marché des Innocents fut cédé à la ville de Paris par décret le 30 janvier 1811.

En 1813, on construisit, autour, des galeries de bois pour abriter les marchands.

On y vendait en gros le matin ; vers dix heures, sous de vastes parapluies en toile cirée rouge, la vente au détail commençait alors et durait toute la journée (2).

Ancien Marché des Innocents, d'après une gravure de Flammeng

L'importance du marché des Innocents était considérable ; on ne comptait pas moins de 800 revendeuses. Le chiffre des ventes monta, en 1841, à 15,190,000 et celui des droits de place payés à la Ville fut de 68,320 fr 80. (Lazare, *Dictionnaire des rues de Paris*).

Ce Marché, si original, a disparu sous le second Empire quand on construisit les Halles centrales ; il a été remplacé par un square au milieu duquel s'élève la fontaine de Pierre-Lescot, avec les sculptures de Jean Goujon ; située, à l'origine, en 1550, au coin de la rue aux Fers et de la rue Saint-Denis, elle était alors adossée à l'église des Innocents. Sa reconstruction sur le milieu de la place date de 1788, et fait le plus grand honneur à l'architecte Six et au sculpteur Pajou.

La deuxième partie de ce décret fut seule mise à exécution et sur l'emplacement de ces maisons fut cree le Marché des Prouvaires ou halle à la viande. On y vendait également les fromages.

Sa superficie mesurait 5,616 mètres. Il était formé de plusieurs hangars en bois.

L'ordonnance d'ouverture du Marché est du 27 novembre 1816. Son inauguration se fit en avril 1818.

L'évacuation de ce Marché a commencé au mois d'octobre 1857. Une partie des détaillants fut alors distribuée entre les pavillons 11 et 12 ; quant au détail des ventes de boucherie, il passa, en 1860, au pavillon 3.

Le Marché des Prouvaires a été supprimé le 16 juillet 1862.

---

(1) Rapport présenté par M. Alfred Lamouroux sur les recettes des Halles et Marchés au budget de 1882.

(2) Voir Prud'homme, *loc. cit.*, p. 166.

# MARCHÉ DU TEMPLE

Entre la vieille et la nouvelle rue du Temple, dit Victor Hugo dans son admirable *Paris à vol d'oiseau*, il y avait le Temple, sinistre faisceau de tours, haut, debout et isolé, au milieu d'un vaste enclos crénelé.

Le Temple doit son nom aux chevaliers du Temple ; c'était originairement une maison qui, dès l'institution de l'ordre, avait été construite par le grand prieur. Ce dernier habitait seul le Temple de Paris ; il l'agrandit, et en l'année 1182, il réunit autour de lui tous les Templiers qui résidaient dans la ville. On cite l'année 1148 comme date probable de l'installation des Templiers à Paris.

L'ordre était riche, on acheta les terrains environnants, et, au commencement du XIII° siècle, l'enclos s'était considérablement agrandi ; c'était alors un des principaux monuments de Paris, formant une sorte de Cité, qu'on appela la Ville-Neuve-du-Temple !

La fameuse tour dite du Temple ne date que de 1212.

Le Temple était un lieu d'asile pour les duellistes, les banqueroutiers et débiteurs insolvables ; ces derniers usèrent de cette prérogative jusqu'en 1789. Outre ces privilèges, les ouvriers qui se réfugiaient dans l'enclos pouvaient y travailler pour leur compte, sans avoir été reçus maîtres ; et à cette époque ce n'était pas un mince avantage.

Après la suppression de l'ordre des Templiers, en 1312, Philippe-le-Bel donna le Temple aux chevaliers de Saint-Jean-de-Jérusalem, qui, plus tard, devinrent les chevaliers de Malte.

Ancien Marché du Temple, d'après une gravure de Flammeng

Le grand prieur de France continua d'y habiter jusqu'au moment où cet ordre fut supprimé, en 1792.

A la suite du 10 août 1792, Louis XVI, qui avait quitté les Tuileries et était resté au couvent des Feuillants, en sortit, le 13, pour se rendre au Temple, avec sa famille.

Des personnages célèbres furent enfermés au Temple, citons : Rivarol, Duverne de Presles, Aymé, député au Conseil des Cinq-Cents, de Rémusat, Toussaint-Louverture, Pichegru, Moreau, Georges Cadoudal, les frères Polignac, etc., etc.

La grosse Tour fut abattue en 1811 et le reste du Palais reçut de grands embellissements. En 1814, Louis XVIII fit don du Temple à la princesse de Condé, ancienne abbesse de Remiremont. Plus tard, le gouvernement revendiqua cette propriété et fit annuler l'ordonnance de Louis XVIII.

Telle était alors l'impression générale que causait cet amas de choses sans nom dont le Temple était l'entrepôt. Il se divisa en quatre carrés, et la rotonde, qui renfermait près de 2,000 places, louées 2 fr. 35 par semaine ; les carrés de droite formaient ce qu'on appelait la série rouge ; la série noire était composée des carrés de gauche. Quant à la place au carreau, qui se trouvait entre le Temple et la Rotonde, c'était la Bourse du Temple, le lieu où se traitaient les affaires commerciales de l'endroit.

Les hangards du marché du Temple furent construits en 1809. La rotonde, autour de laquelle s'assemblaient les marchands d'habits, avait été édifiée en 1788. On comptait alors tirer un parti très avantageux de cette maison, établie dans un lieu d'asile. Sous une galerie de quarante-quatre arcades, soutenues par des colonnes d'ordre toscan, s'ouvraient des boutiques avec logements. L'entresol et les étages supérieurs étaient distribués en petits appartements. La Révolution entrava cette spéculation, qui n'est devenue fructueuse que pour les héritiers des entrepreneurs.

# TABLE DES MATIÈRES

## TEXTE

# GRAVURES



840. — Imprimerie des Halles et de la Bourse de Commerce (Wunderlich), 33, rue J.-J. Rousseau, Paris.

Biscuits
Guillout
Paris
GUILLOUT

116, RUE DE RAMBUTEAU, & 2, RUE DE LA RÉALE.

18 & 20, FAUB.ᵍ DU TEMPLE, & 58, R. DE MALTE
68 & 70, RUE DES FOURNEAUX.
RUE DUTOT.